鹿軍士 編著

京城寶剎

北京內外八剎與三山

北京歷史上時著名佛寺「內八剎」，分別是柏林寺、嘉興寺、廣濟寺、法源寺、廣化寺、拈花寺、龍泉寺與賢良寺，均在北京城區內。北京著名佛寺和「內八剎」相對的是「外八剎」，分別是慈生寺、廣通寺、萬壽寺、善果寺、天寧寺、圓廣寺、南觀音寺與海慧寺，均在北京老城區之外。老北京有「八剎三山」說法。「三山」指潭柘寺、戒台寺和雲居寺，均始建於唐代以前，很早就是北方佛教聖地，有著悠久歷史文化和大量文物古蹟。

崧燁文化

目錄

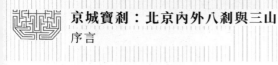

序言

文化是民族的血脈，是人民的精神家園。

博大精深的中華傳統文化，讓我們能在世界文化的激盪中站穩腳跟。中華文化源遠流長，積澱著中華民族最深層的精神追求，代表著中華民族獨特的精神標識，為中華民族生生不息、發展壯大提供了豐厚滋養。我們要認識中華文化的獨特創造、價值理念、鮮明特色，增強文化自信和價值自信。

面對世界各國、形形色色的文化現象，面對各種眼花撩亂的現代傳媒，要堅持文化自信，古為今用、洋為中用、推陳出新，有鑑別地對待，有揚棄地繼承，昇華中華優秀傳統文化，增強國家文化軟實力。

浩浩歷史長河，熊熊文明薪火，中華文化源遠流長，滾滾黃河、滔滔長江，是最直接源頭。這兩大文化浪濤經過千百年的洗禮和不斷交流、融合以及沉澱，最終形成了求同存異、兼收並蓄的輝煌燦爛的中華文明，也是世界上唯一綿延不絕且從未中斷的古老文化，始終充滿了生機與活力。

中華文化曾是東方文化的搖籃，也是推動世界文明不斷前行的動力之一。早在五百年前，中華文化的四大發明催生了歐洲文藝復興運動和地理大發現。中國四大發明先後傳到西方，對於促進西方工業社會發展和形成，有著巨大的影響。

中華文化的力量，已經深深熔鑄到我們的生命力、創造力和凝聚力中，是我們民族的基因。中華民族的精神，也已深深植根於綿延數千年的優秀文化傳統之中，是我們的精神家園。

總之，中華文化博大精深，是中華各族人民五千年來創造、傳承下來的物質文明和精神文明的總和，其內容包羅萬象，浩若星漢，具有很強文化縱深，蘊含豐富的寶藏。若要實現中華文化偉大復興，首先要站在傳統文化的前沿，薪火相傳，一脈相承，弘揚五千年來優秀的、光明的、先進的、科學的、文明的和自豪的文化現象，融合古今中外一切文化精華，構建具有中華文化

特色的現代民族文化，向世界和未來展示中華民族的文化力量、文化價值、文化形態與文化風采。

為此，在相關專家的指導下，我們整理了大量的古今資料和最新的研究成果，特別編撰了本套大型書系。主要包括獨具特色的語言文字、浩如煙海的文化典籍、名揚世界的科技工藝、異彩紛呈的文學藝術、充滿智慧的中國哲學、完備而深刻的倫理道德、古風古韻的建築遺存、深具內涵的自然名勝、悠久傳承的歷史文明，還有各具特色又相互交融的地域文化和民族文化等，充分顯示了中華民族厚重文化底蘊和強大民族凝聚力，具有極強系統性、廣博性和規模性。

本套書系的特點是全景展現，縱橫捭闔，採取說故事的方式敘述，語言通俗，明白曉暢，圖文並茂，形象直觀，古風古韻，格調高雅，具有很強的可讀性、欣賞性、知識性和延伸性，能夠讓廣大讀者全面觸摸和感受中華文化的豐富內涵。

肖東發

覺海慈航——北京內八剎

　　北京歷史上著名的佛寺「內八剎」，分別是：柏林寺、嘉興寺、廣濟寺、法源寺、廣化寺、拈花寺、龍泉寺與賢良寺。這八個寺廟均在北京的老城區內。

　　在「內八剎」中，廣濟寺、廣化寺、法源寺保存較好，寺廟香火旺盛，信眾如雲，每年有多次法事活動。柏林寺與拈花寺尚有遺物可尋，廟的形制及主要殿堂被保存下來，損壞不是十分嚴重。而其他幾座廟已無遺物。它們不僅是佛教信眾膜拜之地，更以其幽雅的環境、獨特的建築風格、深遠的歷史積存而著稱。

▌龍藏珍府的柏林寺

　　柏林寺位於北京雍和宮東側，是京城著名的「內八剎」之一。由於柏林寺內的古木很多，如古柏、古槐、白皮松、古銀杏等，尤多古柏，故名「柏林寺」。

雍和宮是北京最大的藏傳佛教寺院，始建於公元一六九四年，原為雍正皇帝即位前的府邸，於公元一七二五年改為行宮，公元一七四四年改為藏傳佛教寺院。整個寺院布局完整，巍峨壯觀，具有漢、滿、藏、蒙民族的特色。各殿內供有眾多的佛像、唐卡及大量珍貴文物。

柏林寺創建於元順帝時的公元一三四七年，明洪武初年修建北京城北牆時，將柏林寺分為兩部分，城內的稱南柏林寺，城外的稱北柏林寺。

北京雍和宮牌匾

清代康熙年間，公元一七一三年，正值康熙六十壽辰，康熙的四子胤禛主持重修柏林寺，為父皇積功德、慶壽辰。修繕後的柏林寺規模宏大，盛況空前。

　　胤禛的雍王府就是雍正登基後的雍和宮，位於柏林寺的西邊，胤禛經常帶著兒子弘曆到柏林寺遊玩進香，因此對柏林寺特別關照。弘曆就是後來的乾隆皇帝。

　　由於雍王府離柏林寺很近，胤禛也常到柏林寺來，因此廟裡的和尚也能揣摩胤禛的心意。一天，一個老和尚在和胤禛聊天時唱念出一個偈子，其中的意思是暗示胤禛將來要當皇帝。胤禛聽了當然高興，重重賞賜了和尚。

　　老和尚為了得到更多的賞賜，也為了更加博得他的歡心，還領胤禛到西邊跨院去看一塊石影碑。

雍正胤禛畫像

這影碑猛一看，沒有什麼特別，就是一塊普通的大青石。胤禛看了半天，也不感興趣，就想責備和尚拿他開玩笑。這時，老和尚命小和尚從旁邊的太平缸裡舀了一桶水，對準石影碑潑去。老和尚隨即喊道：「王爺請看！」

胤禛馬上睜大眼睛看，看得心花怒放。原來，那影碑遇水後，漸漸地顯示出兩條龍，在龍之上還出現了一隻鳳凰。這其實只是此石的花紋石質所致。

龍的出現，不是預示著皇帝的到來嗎？老和尚如願以償地又得到了許多賞賜。

公元一七五八年，柏林寺再次重修時，又在維摩閣院裡種植了一棵古七葉槐。七葉槐是國槐的一個變種，因葉是由七片葉子簇成一束，形似蝴蝶，所以又名「蝴蝶槐」。柏林寺這棵七葉槐現在已經高達十五公尺，樹幹周長達一點八公尺。

在北京只有兩棵古七葉槐，另一棵在西城的廣濟寺內。廣濟寺的舍利閣前，曾有一棵清代的古七葉槐，已有兩百多年的歷史，被視為廣濟寺內的「三寶」。即「方缸、鐵井、七葉槐」；後來，廣濟寺不慎失火，方缸和鐵井被毀，而令人奇怪的是七葉槐卻安然無恙，為柏林寺這棵七葉槐也增添了神祕色彩。此外，清乾隆帝在此次修葺時，有一首思念父親雍正皇帝的詩文：

柏林古剎炳長安，歲久榱題惜廢殘。

況是近鄰躍龍邸，特教重煥散花壇。

綵衣隨喜思依怙，萱呾延釐合施檀。

佛法故當忘一切，於斯云忘我誠難。

柏林寺經過明宣德年間，及清康熙、乾隆年間的三次大規模重修，規模宏大，莊嚴肅穆。

清代木雕三世佛像

乾隆帝便裝寫字圖

柏林寺坐北朝南，主要建築全部建在一條南北中軸線上，自南而北依次為山門、天王殿、圓俱行覺殿、大雄寶殿和維摩閣共五進院落。

大雄寶殿也叫大雄殿，或簡稱大殿，是漢傳佛教寺院或各類祭祀場所對主殿的慣常稱呼。大雄寶殿中供奉本師釋迦牟尼佛的佛像。大雄是佛的德號。大者，是包含萬有的意思；雄者，是攝伏群魔的意思。因為釋迦牟尼佛具足圓覺智慧，能雄鎮大千世界，因此佛弟子尊稱他為大雄。寶殿的寶，是指佛法僧三寶。

山門殿前矗立著一座高大的磚砌影壁，上面雕刻精美的蓮花圖案。影壁也稱照壁，古稱蕭牆，舊時人們認為自己的住宅中，不斷有鬼來訪，如果有影壁的話，鬼看到自己的影子，會被嚇走；另外，影壁也有功能上的作用，那就是遮擋住外人的視線，即使大門敞開，外人也看不到宅內。影壁還可以烘托氣氛，增加住宅氣勢。

經山門殿左轉，放眼望去，大殿很多，建築宏偉，一層層向後延伸，一座比一座大，重重殿宇、層層樓閣在高牆碧瓦間透露出莊嚴肅穆。

無量大雄寶殿是寺內的主要建築，殿內供有明代塑造的三世佛和七尊木製漆金佛像，上方的懸匾上書「萬古柏林」，為康熙六十壽辰時親筆手書。

大雄寶殿前有成行的古柏，枝葉茂盛，柏樹可以眾人合抱。

維摩閣自成院落，為雙層建築，東西兩側建有翼樓。圓俱行覺殿之意是「覺行究滿，方可為佛」。有清乾隆皇帝的御筆殿額「覺行俱圓」，還有御書的對聯：「座上蓮花前後果，庭中柏子去來心。」

中軸的東西兩路有配殿院多重。在東配殿南面，原有公元一七〇七年鑄造的交龍紐大銅鐘，鐘周滿刻有《華嚴經》生淨土神咒經文，故稱華嚴鐘。鐘高二點三七公尺，直徑一點六八公尺，重兩千兩百六十八公斤，鑄造精美，特別是蒲牢鐘紐鑄得栩栩如生。後此鐘移至北京覺生寺。

「蒲牢」是傳說中的「龍生九子」的老四，受擊就大聲吼叫，據說牠雖住在海濱，但卻十分怕鯨魚，一旦鯨魚發起攻擊，牠就會嚇得亂叫。故人們把木杵造成鯨魚的形狀，再把它安在鐘上充作提梁的獸鈕，助其鳴聲遠颺。

柏林寺西部是清代歷代皇室的行宮，使整座寺院大殿櫛比，古柏森森，布局整齊嚴謹，全部建築都建在高大的磚石台基上。

雍正皇帝便裝寫字圖

柏林寺內原有頗多的皇帝題字：雍正皇帝御書天王殿額「摩尼寶所」，東齋堂額「法苑金湯」，西禪堂額「心空及第」，無量殿額「善獅子吼」，後閣額「萬佛寶閣」，小法堂額「中流砥柱」；乾隆皇帝御書正殿額「覺行俱圓」，楹聯「座上蓮花前後果，庭中柏子去來心」，無量殿額「祥輪永駐」，後閣額「寶相莊嚴」，大悲堂額「攝諸禪定」，行宮殿中額「心香室」，楹聯「近華重雲邊，慧心常照；入旃檀林裡，香界俱清。」

柏林寺中最為珍貴的寶藏，就是佛教的《龍藏》。這部大藏的刊刻，一共進行了六年，自公元一七三三年起，至公元一七三八年才全部完成。

佛教經典稱「藏」始於唐代，「藏」字本意是「蘊集包含」，所謂「大藏」就是把一切經典匯集在一起，即是一部佛學大叢書。

趙城藏

早在北宋時期，就在成都雕造大藏五千餘卷，這是最初刊刻的全藏，簡稱為《開寶藏》。南宋時官私刻藏共有六次，其中在平江府，即蘇州磧砂延聖院雕造的經版，簡稱為磧砂藏，直到元代方才刻完。北方的遼朝和金朝也都曾刻過大藏，《遼藏》亦稱《契丹藏》，《金藏》也稱《趙城藏》，上述這些大藏不但原刻的版片早已毀於兵火，就是印刷紙本有留下斷篇殘帙的，如今也成為稀世之珍了。

明洪武年間在南京刻的稱為《南藏》，明永樂年間在北京刻的稱為《北藏》。私人刻藏，改梵筴即經折的形式為書本形式的，稱為《方冊大藏》。這樣的大藏，前有《武林藏》，後有《徑山藏》，《徑山藏》又稱《嘉興藏》。

清代政府所刻的大藏叫做《龍藏》，也稱為《清藏》。它以明代永樂年間的《北藏》為基礎，而又有所增益。包括了唐宋以下，元、明、清三代的高僧大師，以及對佛學有研究的人士所留下的有名著。

《清藏》的刊刻，可以說是在佛教經典傳入中國以後，為公元一七〇〇多年的譯著闡述了結了一筆總帳，對中國學術界的貢獻很大。它不但是研究佛學的寶庫，而且也是研究文學、歷史、哲學、翻譯等等學術領域的珍貴材料。

一千多年以來，尤其是和中國文字相通的朝鮮、日本、越南等國，曾多次從中國取得各種大藏的印本，鄭重地保藏或翻刻。

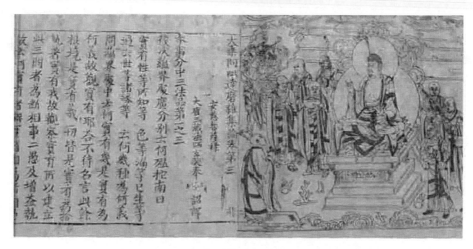

古書《趙城金藏》

早在宋代，朝鮮就根據《開寶藏》和《遼藏》重雕兩次，稱為《高麗藏》；而日本在明末清初就曾翻刻《徑山藏》，稱為「黃檗版」。這些事實說明，這部從《開寶藏》一脈相傳下來的《龍藏》經版，在世界佛教史上有著重要的地位。

這部大藏的雕版，從印刷學來看，也是集中了無數優秀工匠的經典傑作。全部雕版字體工整秀潤，如出一手。《龍藏》的中佛像、韋馱、龍牌等版，以白描筆法刻劃了莊嚴生動的畫面，代表著當時版畫藝術的高度造詣。

同時，《龍藏》在選材方面也非常嚴格，全部經版都選擇最好的梨木，使得經版壽命能夠延長，直到後世，版片都很少斷裂，可以算的上一部完整，又能代表一個時代木刻風格的典範。

《龍藏》仍然按照過去大藏以千字文編號的方法，自天字號起至機字號止，共用七百二十四字，每字為一函，每函十卷，總計七千兩百四十卷，計經版七萬九百零三十六塊，後有清初詩壇的盟主之一，錢謙益注《大佛頂首楞嚴經叢鈔》等六種，實存七千一百六十七卷，版七萬八千兩百三十塊，經版都是兩面刻字，每面包括五個半頁，每半頁五行，每行十七字。

《龍藏》刻成以後，印刷的部數很少，在公元一七三九年只印了一百部，分發全國各地寺廟，公元一七六二年又補印了三部。而後，只是由各地寺廟自己備款請印，數百年來流傳的印本不過兩百部。經版係選用上好的梨木雕造，刀法洗鍊，字體渾厚端秀，因而這部經版後世字口鋒稜俱在，完整如新。

經版刻成之初，原存放故宮武英殿內；不久，因為印刷關係，移到柏林寺闢設專庫保藏，至今仍完整無缺地保存著準備繼續付印的原狀。回溯開寶以來，十幾部大藏經版都已毀滅無遺，而柏林寺的《龍藏》大藏經版能夠完整地保存下來，僅存的這部經版就顯得更加珍貴，因而受到了亞洲各信仰佛教國家的重視。

【閱讀連結】

清代滿族作家和邦額的《夜譚隨錄》中有一篇〈柏林寺僧〉，故事是這樣的：柏林寺某僧，積聚數十年，攢有銀十兩，藏在荷包中。忽然有一天丟失了銀兩，思念不已後竟一病不起。入冬以後，寺中清除糞坑，發現一蛤蟆緊抱荷包躍出，荷包裡裝的就是某僧丟失的銀子。某僧重得失銀後，病霍然痊癒，蛤蟆也不見了。人們認為蛤蟆就是某僧的精神凝聚所化。

〈柏林寺僧〉揭露追求金錢的貪慾，不僅凡夫俗子有，就連四大皆空的和尚也甚為嚴重。此文諷刺意味辛辣至極。

皇城善地的嘉興寺

嘉興寺座落在北京城原西皇城根路北的一座高台之上。廟的西牆在五福里，後門則在旌勇里路西。它建於明孝宗時的公元一五〇三年，清代康熙年間重修。正陽門外，東柳樹井路北的大慈庵是它的下院。

如來佛像

　　據說，清乾隆年間，號稱拈花寺中興第一代禪師的達天，曾為嘉興寺住持。達天禪師於公元一七八〇年被高宗乾隆皇帝敕封為「闡教禪師」，這是佛教賢首宗自唐代圭峰禪師以來，被賜封後的第一人。

寺廟菩薩像

原德勝門外，牛橋拈花寺的塔院中，奉達天為拈花寺中興第一代，賢首宗第三十四傳人。在京城賢首宗其他寺院的塔院中，多以達天為開山祖師，並建有達天禪師的衣缽塔。

清代嘉慶年間，嘉興寺中有一位著名的元寶和尚，據說他腿跛，是個駝背。《長春市志·宗教志》上說，元寶和尚是嘉慶朝攝政王的「替僧」。

關於元寶和尚和嘉慶朝的攝政王，還有一段傳說故事：

據說有一次，攝政王在北京的嘉興寺進香，住持派了一個小和尚去敲鐘，結果這個小和尚是個羅鍋，怎麼也夠不到那個吊起的大鐘。

小和尚急得往上一躍，哪想到腳下走空，從台階上滾了下來，彎腰駝背加上一身黃緞僧衣，遠遠看去好像一個元寶在滾。

攝政王見了，不由笑道：「好個元寶！」

機靈的小和尚立刻跪在地上連連磕頭：「謝王爺！」

從此「元寶和尚」就叫開了，而他真正的法號卻很少有人知道。

公元一八六一年，嘉興寺曾作為清政府「通商議事」之所。由於外事活動頻繁，恭親王掌政時，曾將廟的東院僧房騰出，作為外事活動場所。直到恭親王被免職後，清政府於東堂子胡同，成立了「總理各國通商事務衙門」，此處的外事活動才告停止。

文殊殿內文殊菩薩塑像

　　嘉興寺原為東西並列的三座院落，最西一座為主寺。面臨皇城的山門即為天王殿，上端高懸藍地金字「嘉興寺」的大匾，東西各開一「方便」小門，上書「不二法門」。

　　後來，皇城根拆除後，便又在西邊開一大門洞，進門往西即可看到天王殿東山牆的紅額，上面寫的是：「天地晝夜六時大地一切皆歡喜恆吉祥。」

　　二殿三間供的是如來佛，東配殿為客堂，門前掛一紅漆牌，上寫：「方丈示：無衣缽戒牒者，本廟概不掛單。」後殿三間供的是「三世佛」。

嘉興寺主寺以東的中院，亦有前殿、後殿，供奉觀世音菩薩、關聖帝君等塑像，再東的院落是大型的傳統型四合院，為寺院的寮房、齋堂、庖廚、倉庫。

　　方丈院內還種有十數盆不同品種的蓮花。因此，夏秋之際許多人到此「借佛觀花」，故老北京人有「崇效寺的牡丹，嘉興寺的荷花」之諺。

　　清末，嘉興寺的住持為方瑞、崇輝，他們的社會交際很廣，在佛教界有很高威望。當時北京佛教會有兩個，一個設在南城觀音院，人稱「南會」；另一個就設在嘉興寺，人稱「北會」。兩會各有眾多信眾。

石刻佛像

　　舊時的西皇城根，每年有兩件宗教與民俗結合的盛大活動：一是正月十五上元節，東官房以西宛平縣城隍廟的「燒火判」；二是七月十五中元節，旌勇里旁嘉興寺舉辦的盂蘭盆會。

　　清光緒年間，慈禧太后在地安門外火德真君廟祈建皇家的中元法會，焚燒四十八張油桌拼成艙底，長十丈、高約五六丈的巨型法船。嘉興寺則在什剎前海冰窖處，焚燒巨型法船，而且是「普渡船」，亦稱「濟孤船」，另外還有「淨業船」一艘。

　　按佛教的說法，普渡船是超度「十方法界無祀孤魂」的；淨業船是渡善人的。所以，船上紮糊的鬼神、人物也不盡相同。普渡船船艙內是「十殿閻君」朝地藏王菩薩；而淨業船船艙內則是十六尊者朝「西方三聖」，即觀世音菩薩、文殊菩薩、普賢菩薩；艙頂上還落著大鵬金翅鳥。

菩薩金身塑像

　　在當時，北京城西北一帶的善信人，許多在廟內「功德堂」上給自家宗親三代設位追薦，將裝有冥銀的包袱均放入淨業船底艙，晚上在什剎前海嘉興寺前焚化。觀者如潮，萬人空巷，為京城一大盛事。

嘉興寺開盂蘭道場時，前十天即在山門外張貼了大幅黃榜，表示召請「十方三世，古往今來一切孤魂等眾」，並接受「十方善信人士」的布施。這一天，僧眾、居士兩眾弟子同誦《佛說盂蘭盆經》、《地藏經》及諸品神咒。

居士是古代稱有德才而隱居不仕、未仕的人，或出家人對在家人的泛稱。中國佛教中，稱一切信佛教的在家佛教徒為居士。唐宋時期，佛教在中國盛行，道教修行之人也自稱居士，對中上層知識分子影響很深，所以許多人便以「居士」為號。

天黑之前，兩眾弟子執香，在一片舉揚「南無大願地藏王菩薩」的聖號聲中，列隊祭送一艘濟孤船，在太平倉與棉花胡同南口外交界處焚化。

到了晚間，僧眾在廟的正院「祈建盂蘭盆會普利濟孤，往生逍遙道場」，由崇輝法師放正主法，焚香設放《普利濟孤焰口》。

這天夜裡，前海的荷花市場幾乎通宵達旦，水面上荷燈點點，燭光閃爍。青少年們手執蓮花燈、荷葉燈、鮮蒿子燈在岸上自發地舉行「鬥燈會」。正是：「繞城秋水荷燈滿，今夜中元似上元。」

舊時，嘉興寺以停靈暫厝、承辦喪事而聞名，它是全北京市停靈、辦喪事最多的廟。而且多是富豪、名家的大喪事。平均每週即有三五家辦事，甚至一天趕上幾家辦事，事主互相「鬥闊」。所以，廟的門前經常掛出幾個黑漆牌子，上面用毛筆蘸大白粉寫著「王宅接三東院」、「李宅伴宿北院」、「張宅開弔前院」等等。

嘉興寺一年到頭棚架子不拆，門外花牌樓架子也不卸，吹鼓手的大鼓鑼架不往回挑，甚至冥衣鋪、裱糊匠到廟裡就地做活。

文殊菩薩佛龕

當時要在廟裡辦喪事是有條件的，首先要遵守寺院中最基本的清規，例如戒殺生，廟裡不得進葷，即來弔唁的親友不能用魚肉酒饌，只能用素席，更不允許用佛、道兩教之外的宗教儀式治喪。

在這種風俗之下，嘉興寺則比較開明，他們逐漸向新式的殯儀館方向發展。不但承辦漢、滿兩族當時市面的風俗習慣，以佛、道兩教為基本形式的喪事，而且接納不同宗教信仰者治喪的業務，來者不拒，不問信仰、禮俗，甚至允許天主教在廟裡舉行「終傅式」，允許基督教在廟裡舉行「弔喪會」。

文殊菩薩塑像

還有些基督徒去世後，不在教堂開「弔喪會」，卻借嘉興寺廟院舉行所謂「追思禮拜」，唱詩〈我家在天〉，獻詩〈這世界非我家〉、〈復活在我〉、〈真神之愛〉、〈日落之那邊〉；讀聖經〈帖前四章十三至十七節〉，由牧師祝禱後，始奏哀樂出殯。

因此，嘉興寺後院有一塊「果園子」，但幾乎百分之九十用來「丘」靈柩，其中，還有幾座外國人的墓地。

【閱讀連結】

嘉興寺當年停靈暫厝、治喪的有不少知名人士，如袁世凱的五姨太、被慈禧太后立為大阿哥的溥儁、北大教授劉半農、魯迅的母親、作家朱自清等人，他們去世後都曾在這裡停靈治喪。所以，廟裡的殯葬業務盛極一時。

此外，還有著名的國畫大師齊白石，京劇藝術大師梅蘭芳、肖長華，書法家陸和九，輔仁大學校長陳垣等，也都曾在嘉興寺殯儀館舉行過追悼活動。嘉興寺殯儀館的社會知名度由此可見一斑。

妙品清供的廣濟寺

北京廣濟寺始建於南宋時期，原名西劉村寺。金、元兩代，西劉村寺一直由民間香火供奉，元代時將西劉村寺改稱報恩洪濟寺，元末毀於戰火。

廣濟寺山門

明清時期的史書中，據明代大學士萬安所撰《弘慈廣濟寺碑銘》，有關於廣濟寺緣起的記載：

「都城內西大市街北，有古剎廢址，相傳為西劉村寺。」

清初學者余賓碩所作《喜雲慧大師傳》中稱：

「宋末有兩劉家村，在西者為西劉家村。村人劉望雲，自謂天台劉真人裔孫，得煉氣法。一日，有僧號且住者過之，望雲出迎，求其說法。因為之建寺，日西劉村寺。」

明代景泰年間，村民耕地時，發掘出陶製佛像、供器、石龜及石柱頂等物，才知是古剎遺址。

廣濟寺鐘樓

公元一四五七年至一四六四年，山西僧人普慧、圓洪等雲遊至此，在這裡募集資金，於廢址上重建寺廟。在當時掌管皇帝冠服的尚衣監廖屏的資助下，僅用了兩年時間就營造了一座莊嚴佛剎。

廖屏還將此事上奏明憲宗，請賜寺名，明憲宗於公元一四六六年下詔賜名為「弘慈廣濟寺」。

在此之後，廣濟寺僧人不斷進行修復工作，直到公元一四八四年才算全部完工，次第建成山門、天王殿、大雄寶殿、大士殿、伽藍殿、祖師殿、鐘鼓樓、齋堂、禪堂、方丈室、僧舍等，巍峨壯觀，富麗輝煌。

廣濟寺石碑

清代初年，恆明法師將廣濟寺改為律宗道場，在此設立戒壇，開壇傳戒。從公元一六四八年起，禮請律宗的玉光法師在寺內開堂傳戒。

律宗是漢傳佛教宗派之一，因著重研習毗奈耶及傳持佛教戒律、嚴肅佛教戒規而得名，為唐朝高僧道宣所創，因其理論依據《四分律》，也稱四分律宗，又因道宣最後在終南山修行，也稱南山律宗或南山宗。

道場原指佛祖釋迦牟尼成道之處，後借指供佛祭祀或修行學道之處。如中國佛教五大名山，分別為文殊菩薩、普賢菩薩、地藏菩薩、觀音菩薩、彌

勒菩薩的道場。也泛指佛教、道教中規模較大的誦經禮拜儀式。如水陸道場、慈悲道場、天師道場等。

公元一六五六年，清世祖順治皇帝曾遊歷廣濟寺。此後歷代皇帝對廣濟寺十分關注，多次修繕和擴建，但基本保持著明時重修的布局。

清代末年，道階和尚任廣濟寺住持，在寺中興辦了弘慈佛學院，學僧逾百人。

當時，廣濟寺在京城還有幾個下院，在北海西面有柏林寺，德勝門內有蓮花寺，後海有廣化寺，西直門內有彌勒院，龍鬚溝有龍泉寺等，盛極一時。

北京廣濟寺

廣濟寺建寺以來，薪火相傳，高僧輩出，如普慧、恆明、玉光、現明等成為一代宗師和禪門慧炬。

廣濟寺占地約二點三萬平方公尺，坐北朝南，在中軸線上依次分布著山門、彌勒殿或稱天王殿、大雄殿、圓通殿或觀音殿和多寶殿。東西兩側除鐘樓、鼓樓外，還有整齊的配殿，整體布局是「川」字形。

中國漢地建築，基本承襲周代制度，《考工記》云：

「天下之地勢，兩山之間，必有川矣，大川之上，必有途矣。」

「川」字形布局，象徵河流百川，又有佛教「芥子納須彌」的含義，寺院就是大千世界，故「川」字形建築裡突出主次的關係，而這只是佛菩薩在成就上的差異，絲毫沒有倫理上的差別。芥為蔬菜，子如粟粒，佛家以「須彌山」比喻巨大，「芥子納須彌」就是勸世人不要執著於眼前名利，因為事物皆會轉化，榮華富貴不過是過眼煙雲。此句妙理深遠，至誠懇切，以對佛法的理解，勸人回復到自然本原的境地，從而得到真正的解脫。

以多座建築組成的廟宇，通常採左右均齊，絕對整齊的對稱布局；而所注目最重者，乃主要中線之成立。其布置秩序均為左右分之，適於禮儀之莊嚴場合。

山門、殿堂、樓閣等不同類型的建築合成庭院。把建築分解成最小的基本單元「間」，間與前面的空間「院」，組合成「院、間」的建築模式，這虛實的空間中，有水墨畫計白當黑的審美理念，而在體現了佛教「空與無」的思想。在寺廟中，重要的殿堂一般都排列在中軸線上。

進入廣濟寺，第一眼讓人注目的是天王殿，這裡有明代仿唐三彩的四大天王，象徵著「風調雨順」。

廣濟寺天王殿

中間為明代銅彌勒像。只見他半盤半坐於蓮花座上，法相莊嚴，這和中國大多數佛寺中供奉的「大肚能容，容天下難容之事；開口常笑，笑世間可笑之人」的布袋和尚形象不同。布袋和尚只是傳說中彌勒佛的化身形象，廣濟寺天王殿中所供奉的是天冠彌勒，才是彌勒佛原本的形象。

彌勒菩薩，即彌勒菩薩摩訶薩，意譯為慈氏，音譯為梅呾利耶、梅怛儷藥，為中國大乘佛教八大菩薩之一，在大乘佛教經典中又常被稱為阿逸多菩薩摩訶薩。其原為彌勒菩薩釋迦牟尼佛座下的大弟子之一，由於他在繼釋迦牟尼佛之後，也在閻浮提世界成佛，所以也稱彌勒佛。

廣濟寺最大的殿堂是大雄殿。此殿著黃琉璃瓦，殿脊有香水海，又名華藏世界海，整體呈「山」形，由水、蓮花和一個梵字構成，寓意永恆世界、不生不死。此種殿脊在北京地區獨此一家。

在大雄殿前，有明代成化、萬曆，清代康熙、乾隆石碑五塊，表示該寺與當時皇室的關係。其中清康熙皇帝所賜的文字碑與無字碑相對屹立殿前，成為「空有碑」，這表示佛法的真空妙有，極具深意。

大雄殿中最早供奉的三世佛，為康熙年間所塑，後世多有重塑。三世佛即西側過去世迦葉佛，中間是現在世釋迦牟尼佛，東側是未來世的彌勒佛。這樣的組合供奉方式與常見寺院所供奉的西方世界阿彌陀佛、本師釋迦牟尼佛、東方世界藥師佛組合完全不同。

藥師佛全稱「藥師琉璃光如來」，又有人稱「大醫王佛」、「醫王善逝」或「消災延壽藥師佛」，為東方琉璃淨土的教主。據佛教傳說，藥師佛行菩薩道時，所發之十二大願，每願都為了滿眾生願，拔眾生苦，醫眾生病；而成佛後，他始終踐行著大願。

佛是智慧之身，法性平等，所表達的「合掌皈依仰慈悲，舉頭見佛生歡喜」的精神完全相同。

廣濟寺大雄殿

在大雄寶殿，有一個乾隆時鑄造的青銅寶鼎，有兩公尺多高，放置在刻花石座上，鼎身鑄有佛教八供輪、螺、傘、蓋、花、瓶、魚、結等花紋，造型古樸大方，工藝精湛，是珍貴的藝術珍品。

廣濟寺傳統古建築

在三世佛前，供奉有香、燈、瓶、爐等供具。這裡堪稱國寶的，是在釋迦牟尼佛像前兩側，有兩支分別高四公尺和三公尺的明代長明燭，這是由整根檀香木雕刻而成的藝術珍品，上面通體盤刻著明代所雕的「善財童子五十三參」的故事。

善財童子為文殊菩薩曾住過的福城中長者五百童子之一。出生時，家中自然湧現許多珍奇財寶，因而取名為「善財」。但善財童子卻看破紅塵，視財產如糞土，發誓修行成就道業，後來在普陀洛迦山拜謁觀世音菩薩，得到指點教化後亦成為菩薩。

三世佛龕之背板上，裱貼有一幅高五公尺，橫長十公尺的紙本〈勝果妙音圖〉。這是清代畫家傅雯受乾隆皇帝諭旨，為皇太后祝壽所繪的指頭畫，被稱為「指畫之最」，堪稱國寶。

指畫又稱指頭畫、手指畫、指墨畫等，中國傳統繪畫中的一種特殊的畫法，指以手代筆，蘸墨作畫。關於指畫的起源，一說指畫起於唐代張璪，繼於明代吳偉，成於清代高其佩。傅雯即師承於高其佩。

這幅描繪了釋迦牟尼佛說法的巨幅圖畫，畫面的中央是本師釋迦佛，畫面上，釋迦牟尼端坐在蓮花座上，慈容可掬地向信徒講經說法。佛的左右分別為騎獅的文殊菩薩和騎白象的普賢菩薩，另外有四大天王和眾多的菩薩、羅漢等。

在佛蓮花座前還有善財童子以及大鵬、迦陵頻伽鳥，鳴和雅音，歡喜諦聽佛說，隨喜奉持佛陀所說真理。在周圍，還有一百多位弟子洗耳恭聽。有趣的是，聽眾中還有歷史人物關羽、關平、周全及布袋和尚等，這也符合中國當時「三教合一」的實情。

這幅作品原設於大內，後賜予宣南慈仁寺，後來流落民間，被廣濟寺購回，藏於寺內。

三世佛兩側，則陳列有明代銅鑄十八羅漢。

廣濟寺圓通殿

　　大雄殿後為圓通殿，供奉著觀音菩薩。因觀音菩薩廣大圓滿，聞聲救苦、救難，耳根圓通，故曰「圓通」。殿中正座是大悲聖觀音菩薩像。西側一尊是元代銅觀自在菩薩；東邊一尊是明代多羅菩薩，即藏傳佛教所稱的度母。

　　圓通殿東邊牆上有延生普佛紅色牌位，為信眾消災解厄、普佛祈求；西邊牆上有黃色往生牌位，是專為亡故之人超度往生設立。

　　第三進院落就是藏經樓，因為曾經從北京靈光寺出土，有釋迦牟尼佛真身舍利暫存廣濟寺藏經樓，故又稱「舍利閣」。舍利俗稱舍利子，原指佛教祖師釋迦牟尼圓寂火化後，留下的遺骨和珠狀寶石樣生成物，因而又稱佛骨、

佛舍利。舍利形狀有圓形、橢圓形、蓮花形，顏色也不同，有白、黑、綠、紅色等。佛教認為，舍利子的形成與修行者生前的修行有密切關係。

閣下是多寶殿，多寶殿是佛教文物、藝術的寶庫。殿正中供奉著三尊明代鑄造的銅佛像，兩旁高大明亮的玻璃櫃中陳列著尼泊爾、印度、孟加拉、日本、印尼、越南、美國等地區佛教界來訪人士贈送的禮品，琳瑯滿目，美不勝收。

寺院的最後一進院落，裡面庭院的正中漢白玉石座上安放著古銅色、也稱鱔魚青色的方缸，據說這是北京城內唯一一座明代方缸，方缸內盛滿黃土，夏天時會有蓮花盛開。

寺廟的西北隅，有一座建於公元一六七八年的殿，內有漢白玉砌成的戒壇，戒壇高三層，是廣濟寺保存完好的最古老的建築，也是北京城區唯一清代漢白玉戒台。戒台是傳授比丘戒的地方，有承擔薪火相傳、續佛慧命的作用。

廣濟寺珍藏的佛教經典十分浩繁，僅圖書室就有二十三種文字、十多萬冊佛教經典、著作，僅收藏的《大藏經》就有十二種版本，是研究中國佛教起源、發展和演變的重要史料，也是中國傳統文化的重要組成。寺內還有公元一七二一年至一七五三年，甘肅臨潭縣卓尼寺能版印刷的一部藏文《大藏經》，共兩百三十一包，是佛教中的珍貴文本。

【閱讀連結】

廣濟寺曾經不慎失火，將正殿、後殿燒去大半，被視為鎮寺之寶的不少稀世珍品被焚毀，如明代《法華經》百餘部、國外進貢的白檀木釋迦牟尼佛立像、清聖祖康熙御封的「鐵樹」、號稱「飽參佛定」「熟聞世道」的紫桐樹等，還有鮮為外界所知的明代陶製方缸、火成岩鐵井和七葉槐等三件鎮寺之寶，也在大殿燒毀坍塌時被損毀。

後來，清代住持現明法師按明時的格局重修，建築規模比以前更加壯觀，使古老的寺院更加多彩，引人入勝。而圓瑛、喜饒嘉措、趙樸初、巨贊、法尊、正果、明暘大師等佛學巨匠，先後駐錫於此弘法布教。

法海真源的法源寺

　　公元六四五年，唐太宗李世民率軍親征高麗，將幽州作為兵馬糧草的集結地。這年冬天，唐太宗自高麗戰場返回幽州後，有感於隨軍將士為國效力，於是下令在幽州城內為陣亡將士修建一座寺廟，命名憫忠寺。

憫忠寺舊址

　　公元六七五年，唐高宗再次下詔建寺；而武則天登基後又第三次下詔建寺，至公元六九六年佛寺建成。建成後的憫忠寺，就是法源寺前身，而憫忠寺一度成為幽州唯一的佛寺。

　　在寺廟下的廊道牆壁上有幾塊板子，其中一塊上面有一首唐代德誠禪師的詩：

「千尺絲綸直下垂，一波才動萬波隨。夜靜水寒魚不食，滿船空載月明歸。」

法源寺正門

憫忠寺自唐代建寺以來，由於其特殊的政治地位和宏大的建築規模，與歷代王朝結下了不解之緣。

唐末景福年間，幽州盧龍軍節度使李匡威，重修了憫忠寺，並增建了一座面寬七間，上下三層的憫忠閣，成了幽州城裡的標誌性建築，並留下「憫忠高閣，去天一握」的諺語，可見這座閣樓的雄偉壯觀。後世法源寺中的憫忠台，就有當年憫忠閣的風範。

遼代時，幽州升為南京，又稱燕京，憫忠寺成為南京城內最重要的寺院，備受皇家重視。遼代皇帝多次在憫忠寺內齋僧建道場，北宋使者到南京，也時常住在憫忠寺。憫忠寺已成為皇家重要的行館，地位也隨之提升，規模更為宏大。

公元一〇五七年，幽州發生了一次大地震，憫忠寺被毀。遼朝皇帝在公元一〇七〇年下詔修復，歷時十四年完工，形成了後世的規模和格局。

天王殿鐵鑄寶鼎

金代時，憫忠寺為燕京名剎，曾是女真人進士的考場，卻在元末明初時不幸毀於戰火。

明代，憫忠寺經歷四次修繕。明正統年間，寺僧相王容法師募資修葺，奠定了後世法源寺的基礎格局；修復後，明英宗敕賜「崇福禪寺」。

在民間，明代法源寺流傳最廣的是「劉伯溫法源寺畫竹」的傳說：

在當時，崇福禪寺的方丈，了空和尚很有才氣，他的詩書畫，當時被譽為「三絕」，了空因此也號稱「三絕和尚」。

中國佛教雖然一般都稱住持為「方丈」，但一般情況下只要有寺廟就有住持，而方丈必須是上規模的寺廟群才能有。並且方丈可以兼任多個寺廟，而住持則不能。一般來說，方丈必須由所在省的宗教管理部門和佛教協會任命才能生效。

了空和尚名氣很大，也就有些才高氣傲，尤其喜歡捉弄那些有錢有勢、道貌岸然的達官顯貴。

這一年，劉伯溫奉旨來京，負責修建北京城，這件事人人皆知。了空早就聽說劉伯溫是皇上身邊數一數二的文人，素有「江南才子」的美稱，於是就想親自試試劉伯溫的才學。要是劉伯溫確有真才實學，那他們就交個朋友；不然，就當面羞辱他一番，給他點顏色看。

正值春末夏初，了空看著寺院的翠竹，心生一計。就寫了一紙便籤，差一個小和尚送到劉伯溫府上，請他來寺中飲酒賞竹。

劉伯溫到北京後雖公務繁忙，但依然有關注北京的風土人情，對了空和尚的才學和為人也有所耳聞。他看了便籤，也很願意會會這位恃才傲物的「三絕和尚」，於是就坐上轎子直奔禪寺。

了空和尚聽說劉伯溫到了，立即帶領寺內眾僧迎接。但了空和尚那身打扮，實在出乎劉伯溫的預料：堂堂大寺的方丈，卻穿了一件已經分不清顏色的破僧衣，上邊補了許多補丁，腳上一雙破麻鞋。天氣不熱，他手裡卻搖著一把破芭蕉扇。劉伯溫心裡想：這位真像個活濟公！

了空和尚請劉伯溫到一座小亭子裡坐下。這亭子面朝碧綠的竹園，背靠荷葉茂盛的小塘，地方不大，卻清靜幽雅。小和尚很快擺上了一壺素酒、幾盤素菜。

法源寺石碑

了空和尚雙手合十說：「貧僧早聞劉大人為官清正，才學過人，特備薄酒，請大人光臨敝寺敘談。貧僧若能親聆教誨，實乃三生有幸，望大人不吝賜教。」

劉伯溫聽罷，忙拱手說：「伯溫本是個平庸之輩，禪師過獎了。」

酒過三巡，了空說：「劉大人，如今正是春夏之交，篁竹茂盛，蓮荷亭亭，你我何不趁著酒興各畫一幅竹蓮圖，以志此次幸會？」

劉伯溫明白，了空定是要試試自己的才學。他早就聽人說過，畫竹是了空的拿手戲，也很想一睹為快，就說：「禪師所言極是，那就請先命筆吧！」

小和尚早備好了筆墨紙硯，了空和尚也不推辭，但見他展紙揮毫，龍飛鳳舞，一氣呵成一幅〈雨打竹荷圖〉。

法源寺經幢

劉伯溫一看，畫得確實非同一般：畫上雖沒有直接畫風，但看那竹子和荷葉的俯仰搖動，就像看到了一場滂沱大雨之後，又有一陣細雨微風。劉伯溫不禁讚嘆：「禪師神筆，名不虛傳。」

了空哈哈一笑，「雕蟲小技，不值一談。還是看大人的吧！」

劉伯溫淡淡一笑，提筆就在紙上塗抹起來，一會兒工夫，一幅〈風吹竹荷圖〉就畫完了。仔細看來，翠竹隨風搖動，荷葉翻卷，似乎還有吹動竹葉的風聲。

了空和尚心中暗暗叫好，但嘴上卻不肯說。心想：這幅畫好是好，但也只能和自己畫的那幅打個平手，並不見得比我高哪兒。我要是一叫好，豈不就抬高了這位朝廷命官的身價？

不過，了空和尚又覺得劉伯溫的這幅畫，在運筆和構圖上跟一般人不一樣，仔細品味了一會兒，他終於看出了門道：原來那互相交錯的竹葉，竟是一個個蒼勁古樸的字，把字連起來一讀，竟是兩句唐人的詩句：「竹喧歸浣女，蓮動下漁舟。」

詩情畫意，珠聯璧合，真是千古難尋的佳作珍品。

了空和尚不禁高聲叫起絕來，連聲說：「劉大人詩書畫精妙絕倫，真是奇才！貧僧自愧弗如。」

劉伯溫見狀，謙恭地說：「禪師過獎了。禪師詩書繪畫獨步京師，名聞遐邇，日後還請多多指教。」

從此以後，兩人經常在一起切磋詩文書畫，成了好朋友。當時劉伯溫官拜御史中丞，因為他的詩、書、畫響滿京城，有「三絕劉御史」之稱。

法源寺古代建築

公元一七三四年，崇福禪寺進行大修，並被欽定為專司戒事的皇家律宗寺院，正式改崇福禪寺為「法源寺」。還請來江南寶華山永海福聚的律宗法師住持法源寺，從此法源寺成為北方佛教律宗傳播的中心，長盛不衰。

公元一七七八年，法源寺奉乾隆皇帝之詔再次整修，竣工後乾隆皇帝親自來到法源寺，御書「法海真源」匾額賜寺，懸掛在大雄寶殿之上。據說乾隆皇帝親自到此進香，他有感於法源寺悠久的歷史，在寺內寫下了「最古燕京寺，由來稱憫忠」的詩句。

歷經千年的法源寺，不僅保留了明清時期的建築，還為世人留下許多珍貴文物和傳奇故事，比如毗盧殿大玉海和底座的故事。

有一年，大玉海和底座流落到西華門外真武廟，成了道士的醃菜缸。清乾隆帝發現後，以千金易之，放在北海團城，並配一個底座，而原來的底座卻仍在真武廟，乾隆發現後又命人給底座配了個玉海。

法源寺占地面積六千七百平方公尺，主要建築有山門、天王殿、大雄寶殿、憫忠台、無量殿、大悲壇、藏經閣、大遍覺堂、鐘鼓樓和東西廊廡等，共七進六院，布局嚴謹，寬闊廣大，是北京城內保存下來歷史最為悠久的古寺廟建築群。

走進山門，左右兩側分別聳立著鐘樓和鼓樓。前邊是雄偉的天王殿，殿內正中供奉著明代製作的彌勒菩薩的化身布袋和尚銅像，高一點一二公尺，祖胸露懷，歡天喜地的樣子。

法源寺鼓樓

　　彌勒佛的背後，是勇猛威嚴的護法神韋馱坐像，明代銅鑄，高一點七公尺。兩側是明代銅鑄的四大天王像，十分珍貴，皆高一點二公尺。

法源寺大雄寶殿

　　大雄寶殿為公元一七七八年重修，雄偉莊嚴，氣勢非凡。面寬五間，前出抱廈三間，是寺內最主要的建築，簷下繪製了金龍和璽彩畫，抱廈梁架上懸掛著乾隆帝御書的「法海真源」匾額。殿前有明清石碑六塊，其中公元一七三四年刻的〈法源寺碑〉是法源寺的一篇廟史，記述了修寺的歷史經過。

　　大雄寶殿正中供奉的是「華嚴三聖」，即毗盧遮那佛、文殊菩薩和普賢菩薩像，均為明代所造，木胎、貼金罩漆。正中的毗盧遮那佛端坐在須彌座上，像高兩公尺，腦後背光，連座通高三點九七公尺。文殊、普賢分立兩旁，像高二點一四公尺。這三尊塑像，雕刻工藝精湛，相貌莊嚴，在明代同時期的塑像中是上乘之作。大雄寶殿兩側是十八羅漢坐像，像高約一點三五公尺，木胎、貼金，為清朝時造像。

　　造像，古時為生人、亡人或己身祈福，多於僧寺或崖壁間鐫石成佛像，也有以金屬鑄造佛像者，稱之為造像。以石刻者，今存有北魏龍門造像及雲岡石窟造像等；以銅等金屬鑄造者，如陶齋吉金錄所載，宋韓謙造像及北魏徐常樂造像等。

　　大雄寶殿中南面有兩個石柱的柱基，開關為卷葉蓮瓣，從花紋上判斷，應是唐初建寺時的原物。

　　法源寺中最珍貴的寶貝，當屬大雄寶殿之後的憫忠台。憫忠台一名念佛台，又稱觀音殿。憫忠台周圍護以磚欄，殿堂建於台上，台基高一公尺多，殿堂的外牆以十二柱為架，室內再以十二柱支撐，構造獨特，別緻美觀。而樣式則與故宮御花園中的萬春亭相同，後者正是仿照憫忠台而建。

　　這裡保存著法源寺的歷代石刻、經幢等，以唐〈無垢淨光寶塔頌〉、〈憫忠寺藏舍利記〉、〈承進為薦福禪師造陀羅尼經幢〉，遼代的〈燕京大憫忠寺菩薩地宮舍利函記〉最為珍貴。

　　其中〈憫忠寺重修舍利記〉中有「大燕城內，地東南隅，有憫忠寺」一句，後世正是據此，才推斷出當年幽州城的規模和大致的格局。

法源寺憫忠閣

　　殿外山牆，還嵌有清代著名書法家翁方綱複製的唐「雲麾將軍碑」殘柱基。翁方綱（公元一七三三年至一八一八年），字正三，號覃溪，晚號蘇齋，順天大興人，官至內閣學士。精金石考證，善鑑定碑帖。書法初學顏真卿，後學歐陽詢，隸書取法〈史晨〉、〈韓仁〉諸碑，為清代「翁劉梁王」四大書法家之一。

　　殿外另有清乾隆皇帝抄寫的《心經》、公元一八〇六年詩人余集等人分別題寫的〈法源八詠〉等碑刻，是研究佛學和法源寺歷史的重要資料。

　　憫忠台院中還有一具石雕香爐，雕鏤精緻，刀法細膩，是不可多得的藝術珍品。

　　憫忠台後面的殿堂叫淨業堂。堂前有一巨大石缽，雙層石座，周圍雕著海水花紋和山龍、海馬及八寶等形象，雕刻極為精美，可與元代的「瀆山大玉海」媲美。

　　缽是比丘六物，是三衣、缽、坐具和漉水囊之一，又稱缽多羅、波多羅、缽和蘭等。意譯為應器、應量器。就是指比丘所用的食具。其種類有鐵缽、瓦缽之別。持缽行乞稱為「托缽」。戒律中規定比丘不得儲存多缽，護持缽當如愛護自己眼睛一般，應當常以澡豆洗淨除去垢膩。

法源寺憫忠閣前的石缽

　　淨業堂內供奉著總高五點六五公尺的明代銅質五方佛像，極為罕見。造像實高四點五八公尺，其上層為安坐在須彌座上的毗盧佛；中層為東西南北四方佛；下層為千瓣蓮花寶座，每瓣上雕一小佛，形成「千佛繞毗盧」的景象，表示佛之諸多化身都圍繞依附佛的法身。

　　銅像安置在高一點一公尺的石質須彌座上，座的四周鏤刻著力士以及升龍浮雲，自然古樸。這組佛像原在西四報子胡同的隆長寺內供奉，寺毀後被移至此。

　　該殿原本還珍藏了唐玄奘的頂骨舍利，玄奘法師的頭骨舍利是公元九八八年，由金陵長干大師於終南山的紫閣寺內發現，一起收藏於長干寺。

清咸豐年間，長干寺及舍利塔皆毀，後因建築施工而發現了石函，移置於法源寺供奉，但可惜不久後即被盜，此後舍利杳無音訊。

第五進院落的大悲壇又稱觀音殿，面寬五間，殿後接抱廈一間。殿前對聯為乾隆帝手書，題為「華雨靜飄空色外，心珠常印摩尼中」。

該殿供奉的都是觀音像，形態各異，共有七尊。殿正中是三尊明代的木胎乾漆製的大士像，中間為聖觀音，左為十八臂的准提觀音，右為自在觀音。在殿的左右兩側還各有兩尊，左側是送子觀音與眾寶觀音，右側是綠度母與千手千眼觀音。

就陳設觀音的數量上看，與常說的七觀音相吻合，但無論是密宗六觀音，還是天台宗的六觀音，均與之不符，可見這些塑像可能並非一組，而是後世組合在一起的，既有六觀音中形象，又有三十三觀音中的形象，還有藏傳佛教的綠度母形象，構成複雜。

法源寺天王殿

殿內陳列著唐代至清代的各種佛經善本，並有西夏文、回鶻文、蒙古文、藏文和傣文的佛經。在大悲壇內還陳列著清乾隆年間製作的三座琺瑯塔，高二點四公尺，精美細緻。

法源寺觀音殿

　　這裡陳列著歷代佛像、石刻及藝術珍品，有中國最早的東漢時代的陶佛座像，有東吳時代的陶魂瓶，有北齊石造像、唐石佛像、五代鐵鑄佛像、宋木雕羅漢、元銅鑄觀音、明木雕伏虎羅漢等，都是珍貴的文物。另外還有不少各國贈送的經像文物。

　　最後的殿堂是藏經閣，大殿全部用青磚鋪地，閣上供奉著大士像，為木胎乾漆所製，是明代造像藝術精品。閣內珍藏著明、清時期所刻藏經。日本國寶「鑑真大師像」到中國巡展時，曾在這裡供奉了七天，有十六萬信徒和群眾前來瞻仰。

　　藏經閣內藏有一尊北京內城最大的臥佛像，長七點四公尺，是原先臥佛寺中供奉的佛像，後輾轉到此。

　　在法源寺內，除了建築，就是鬱鬱蔥蔥的樹木。清代的法源寺就以其花木見勝，譽滿京都。寺內種植的牡丹達百餘種，每當花開時，萬紫千紅，十分豔麗。

　　丁香在佛教中有著特殊的意義，暴馬丁香是中國西部的佛教聖樹，被稱為「西海菩提樹」。相傳釋迦牟尼在菩提樹下成佛，但中國西部的氣候不適於菩提樹生長，因此，西部的佛教信徒就把形似菩提的暴馬丁香作為菩提樹。

法源寺內的前庭後院都種植了丁香，這裡的丁香號稱「香雪海」。每到春末夏初，丁香盛開，芬芳濃郁，極負盛名。曾與崇效寺牡丹、恭王府海棠一起並稱京畿三大花事。

另據記載，位於藏經樓前的兩株西府海棠為乾隆皇帝親手所植。韋馱殿邊的那株粗大的白皮松據說為唐代種植，又稱「唐松」，其後雖有枯萎，至宋代又發新枝，一直守衛著古剎，見證著世事的無常，佛法的興衰。

每歲春季花開，寺僧必備素齋，邀集文人名士賞花，漸漸形成了「丁香詩會」。詩會始於明代，至清代極盛，清代大儒紀曉嵐、洪亮吉、龔自珍、林則徐和名噪一時的「宣南詩社」，都在法源寺留下過詩句。

法源寺歷經千年，一直香火鼎盛，每逢佛教節日和初一、十五都會舉行佛事活動，法會均在大雄寶殿前的廣場進行，多為放生鳥雀和魚龜，並有功德刊印的佛教書籍免費奉贈結緣之人，法源寺確確實實堪為崇佛之人所敬仰之地、法海之源。

【閱讀連結】

《北京法源寺》，是臺灣歷史學家、作家李敖的第一部長篇歷史小說。李敖在獄中構思故事梗概，在公元一九七六年出獄後開始寫作，成書於公元一九九一年。小說以北京宣武區的法源寺為故事背景，描述了從戊戌變法到辛亥革命前後，康有為、梁啟超、譚嗣同、大刀王五等一批志士為中國振興的努力，作者宣稱此作品被提名公元二〇〇〇年諾貝爾文學獎。

《北京法源寺》於公元二〇〇〇年出版後，在海內外廣泛流傳，使法源寺名聲大噪，引來無數佛教信眾以及尋幽探古的遊客。由此，北京法源寺聲名更著。

▌什剎明珠的廣化寺

廣化寺座落於風景秀麗的北京什剎海後海的北岸，東鄰銀錠橋。元代，什剎海曾是南北大運河北段的起點，水域寬闊，景色優美，當時的廣化寺就是元大都很有影響的佛剎。

北京廣化寺

　　據史籍記載：元代有一僧人，每天持誦佛號，誦一聲，拿一粒米，二十年間積到四十八石，感動四眾弟子，開始建造廣化寺。此後，元代高僧溥光之曾在廣化寺住持寺院。

廣化寺

明代初年，廣化寺曾一度荒廢，據碑文記載，明成化與明萬曆年間寺院曾兩次重修，重建後的廣化寺成為淨土宗寺廟。

據寺內公元一五九九年的〈彌陀會記〉碑記載：明萬曆年間，廣化寺規模宏大，淨土宗住持圓環，率眾舉行了盛大的陀彌法會，盛況空前。

淨土宗是漢傳佛教十宗之一。根源於大乘佛教淨土信仰，專修往生阿彌陀佛淨土之法門而得名的一個宗派。中國淨土宗第一祖庭源於江西省九江市廬山東林寺。淨土宗與禪宗是對中國漢傳佛教影響最大的兩個支派，其影響深遠，自唐代創立後流傳於中、日、韓、越南等地，至今不衰。

清代時，廣化寺更成為京都有較大影響力的淨土宗佛剎。禪宗臨濟派大德自如和尚，接任廣化寺方丈以後，改子孫廟為十方叢林，被稱為廣化寺中興第一代。

清道光年間，廣化寺改為子孫剃度廟。據道光年間〈請書碑〉記載：

「住持廣殊法師敦請自如和尚任方丈，廣化寺改名『十方寺』，而『什剎海』得名一說就源於『十方寺』。」

自如方丈圓寂後，印法法師繼任方丈。自公元一八二六年始，歷時二十年，募資重修了殿堂僧舍。正如《道咸以來朝野雜記》所載：

「後海北岸之廣化寺，古剎中之新者。聞光緒韌年殘敗殊甚，後募化於恭邸，為之重修正院殿宇。」

清光緒年間，廣化寺重修正院殿宇，至三個院落之間迴廊環繞，僧房毗連，形成一座大四合院中有眾多小四合院，即「院中有院」的建築特色，寺內古柏蒼翠，花草溢香，曲徑通幽。

清末民初，廣化寺一度成為京師圖書館，即北京圖書館的前身。公元一九〇八年，張之洞將個人藏書存放寺中，奏請成立京師圖書館，次年獲准後，清政府派繆荃孫主持建館事務。

張之洞（公元一八三七年至一九〇九年），字孝達，號香濤、香岩，又號一公、無競居士，晚年自號抱冰。歷任教習、侍讀、侍講、內閣學士、山

西巡撫、兩廣總督、湖廣總督、兩江總督、軍機大臣等職,官至體仁閣大學士,
與曾國藩、李鴻章、左宗棠並稱晚清「四大名臣」。

廣化寺廣化講堂

後來,教育總長蔡元培派江瀚任京師圖書館館長,次年開館接待讀者。
不久,京師圖書館遷館他處,廣化寺又恢復為佛教寺廟。

公元一九二七年,玉山法師任廣化寺住持。在玉山法師的經營下,廣化
寺聞名四海,有常住僧眾五十多位。玉山法師注重修持,率領僧眾實行禪淨
雙修。他在寺內立下了「三不」制度:不攀龍附鳳、不外出應酬佛事、不私
自募捐化緣,在社會上樹立了良好的形象。

後來,寓居廣化寺的溥心畬居士協助玉山方丈重修了山門殿、天王殿、
大雄寶殿、萬佛閣等處。為廣集資金,當時還邀請了知名書畫家題字作畫,
在中山公園水榭展開義賣,得款捐助廣化寺,使修復工程圓滿完成。

廣化寺建築

　　同時，廣化寺還創辦了「廣化佛學院」，聘請著名佛教學者周叔迦、魏善忱、修明、海岑、溥儒等任教，招收學僧數十人，又創辦了廣化小學，免費招生。

廣化寺建築

　　其後，虛雲大師率弟子七人，自武漢來京駐錫廣化寺，當時在京的佛教界人士李濟深、葉恭綽、陳銘樞、巨贊及佛教徒紛紛前來參禮這位佛學大師，廣化寺再次名盛京城。

　　虛雲大師（公元一八四〇年至一九五九年），俗名蕭古岩，字德清，別號幻游。幼時從師讀儒書，十七歲離湘至閩，十九歲至福建鼓山湧泉寺出家，拜常開為師。堅持苦行長達百餘年，歷坐十五個道場，重興六大祖庭，以一身兼承禪門五宗，法嗣信徒達數百萬眾，有「禪宗泰」之譽。

　　廣化寺得天獨厚，座落在風景秀麗的什剎海後海的北岸，全寺占地面積約一點三萬平方公尺，擁有殿宇三百二十九間，整座寺廟建築布局嚴謹，雕梁畫棟，金碧輝煌。

　　寺院南側有影壁，向北為山門殿，匾額書「敕賜廣化寺」五個金粉大字。山門內東西兩側為鐘樓，寺內共分中院、東院和西院三大院落。

　　中院是全寺的主體建築。正中依次分布著山門殿、天王殿、大雄寶殿、藏經閣等主要殿堂，兩側對稱排列著鐘樓、鼓樓、伽藍殿、祖師殿、首座寮與維那寮。這些殿堂組成了廣化寺的正院。

　　山門背面，有關於北派青綠山水首座溥心畬，為母親辦葬禮時在廣化寺停靈的介紹，說明溥儒和廣化寺的淵源頗深。

　　溥儒是清道光皇帝曾孫，恭親王奕訢之孫，載瀅貝勒的次子。因此，成年後書畫作品上常用「舊王孫」印章或署名。他的山水畫宗法宋元，以淡雅見長，較少烘染，著重線條鉤摹。繪畫不圖功利，無一點「商業氣息」，整個畫面充滿著一種和諧的靜謐之氣。初次在北京舉辦個人畫展時，一鳴驚人，贏得美術界人士的肯定。他與張大千齊名，以他們的山水畫成就分峙南北畫壇，當時被譽為「南張北溥」。

廣化寺天王殿

　　天王殿是山門內的第一重殿。殿內中間供奉彌勒菩薩，彌勒像後供韋馱菩薩，東西兩旁則供四大天王。四天王的形象，多有不同，廣化寺所塑的四天王形象為：南方增長天王，青臉，持青光寶劍，職風；東方持國天王，白臉，抱碧玉琵琶，職調；西方廣目天王，紅臉，握混元珠傘，職雨；北方多聞天王，黃臉，托黃金寶塔，職順。所以四大天王結合起來即為「風」、「調」、「雨」、「順」，寓意四大天王保護世間風調雨順、國泰民安。

廣化寺五佛寶殿

　　五佛寶殿中供奉的是毗盧遮那佛。毗盧遮那佛梵文的本義是「光明遍照」、「遍一切處」、「大太陽」，所以又叫「大日如來」。密宗金剛界和胎藏界都將之奉為主尊佛。

　　「三身佛」中的法身佛毗盧遮那就是大日如來，因而，毗盧遮那實際上是釋迦牟尼佛的化身之一。他在密宗裡又成了大日如來，在五方佛中代表法界體性智。大日如來的造像在宋代以前如菩薩形，頭髻如寶冠。宋代以後是頭戴五寶天冠，天冠上有五化佛。

　　五尊化佛中，正中者是法身佛毗盧遮那佛，接下來是南方歡喜世界寶相佛、東方香積世界阿閦佛、西方極樂世界阿彌陀佛、北方蓮花世界微妙聲佛。

廣化寺祖師殿

　　鐘鼓樓為七堂之一，建於寺院左右兩側。鐘鼓是法會時僧俗集會用的器具，有高僧大德蒞臨寺院時，鐘鼓齊鳴，以表示尊重、恭敬。寺院早上先敲鐘，後接鼓，晚上先敲鼓，後接鐘，所以稱晨鐘暮鼓。

　　鐘樓下面供奉的是地藏王菩薩，寓意地獄救苦，度化眾生。鼓樓下面供奉的是文殊菩薩。

　　祖師殿又作影堂、祖堂，用來安置宗祖、開山、列祖遺像的建築物。禪苑中，特批安置達摩像的地方為祖師堂。達摩，意譯為覺法，自稱佛傳禪宗第二十八祖，為中國禪宗的始祖，故中國的禪宗又稱達摩宗，達摩被尊稱為「東土第一代祖師」、「達摩祖師」，與寶志禪師、傅大士合稱梁代三大士。他曾駐錫嵩山少林寺，面壁九年，傳衣缽於慧可。

　　每月的初一、十五，早課結束以後，全體僧眾都要列班前往祖師殿，頂禮三拜，稱為禮祖，表示對達摩祖師和歷代祖師的恭敬和感恩。

　　藥師殿中供奉的是藥師琉璃光佛，左手持藥壺，右手結施無畏印或與願印。日光、月光二菩薩脅侍左右，並稱為藥師三尊。

彌陀殿是供奉阿彌陀佛的殿堂，同時還供奉觀世音菩薩、大勢至菩薩。彌陀如來為中尊，悲智二德全備。觀世音菩薩為左脅侍，主悲門。大勢至菩薩為右脅侍，主智門。三尊者共稱西方三聖。

法堂位於五佛寶殿的後方，乃七堂伽藍之一。其功能相當於講堂，是方丈和尚集眾說法的地方。

藏經樓是存放佛教《大藏經》的樓宇。建在五佛寶殿後，分上、下兩層。佛教大叢林為樓堂結合，一般寺院為樓殿結合，即以藏經樓、法堂、般若堂或藏經樓、毗盧殿的形式出現。廣化寺即為藏經樓、般若堂相結合。

廣化寺伽藍殿

東院由戒壇、齋堂、學戒堂、引禮寮等殿堂組成四合院。其中的齋堂就是寺院的食堂。凡吃飯時，應先作五觀，然後才可以吃，稱為「沙門受食五觀」。即：計功多少，量彼來處；忖己德行，全缺應供；防心離過，貪等為宗；正事良藥，為療形枯；為成道業，應受此食。客堂是接待外來僧眾和信徒、管理寺廟日常事務的職能部門，主要負責人是知客。

知客是禪林中，司掌迎送和應接賓客的職稱，是寺院西序六頭首之一。知客的主要職責是接待賓客，因此來客的食宿、聽法、拜謝等禮法，皆由知

客引領，無論在家出家，進入寺廟之後，如果有什麼事情，都可以去客堂諮詢。

西院的主體建築有大悲壇、祖堂、法堂、方丈室、退居寮等。各殿均有配殿，西側兩路各有二進院落，有觀音閣、地藏閣、方丈室、法堂、祖堂等。東路尚存二層殿，其餘均已拆改。

三個院落之間迴廊環繞，僧房毗連，形成一座大四合院中有眾多小四合院，整座寺廟古柏蒼翠，花草溢香，曲徑通幽。

嵌於廊壁的佛畫寺內有石碑四塊。一些書法石刻嵌於廊壁。後世重修頤和園佛香閣時，曾從寺內移去一尊大佛，並舉行開光升座典禮。

廣化寺共收藏一批藏經、佛畫、碑刻、僧人影像及名人字畫等珍貴物品共一千七百一十六件，其中圖書一千零八十七部，字畫兩百八十二件，碑拓兩百九十八件，其他物品四十九件，不少是古代珍品，有很高的價值。如明永樂年間，翰林院刻印的《大方廣佛華嚴經》、清雍正皇帝抄寫的《金剛經》，還有不少明清名人字畫。《大藏經》共四藏，兩千七百六十一函，也十分珍貴。

尊崇佛教是清代國策。清雍正皇帝自云：「少年喜讀佛典，成年更事研經。」雍正帝稱其臨寫的佛經為「衝鋒破敵之寶篆」，而其中最愛的佛經當屬《金剛經》。在雍正眼裡，金剛喻指無堅不摧、勇猛突破塵世的劫難關卡，抵達「彼岸」，故雍正自稱「破塵居士」。

廣化寺佛塔

雍正帝御筆的《金剛經》，在乾隆一朝曾被尊奉為護國鎮物，藏於內宮。從這一層意義上探尋，雍正寫經入藏紫禁城後，乾隆皇帝重新裝潢，將之作為了「護國息災」的聖品。

《大正藏》中，收錄了唐朝翻譯的，有關毗沙門天王的密教經典七種，其中影響最大的是不空譯的《毗沙門儀軌》，此經詳細記述了唐玄宗天寶年間毗沙門顯聖之舉。

唐玄宗時期，善無畏、金剛智、不空三位印度僧人來華，創建密宗。不空譯《北方毗沙門天隨軍護法真言》、《北方毗沙門天隨軍護法儀軌》以及《仁王護國般若波羅蜜多經》等多種典籍。

廣化寺曾在農曆九月十三日至十九日舉行禮懺講經法會。山門外「佛日高懸光明世界，法輪大轉普利人天」的對聯十分醒目；大殿前的橫幅則書寫「觀音道場，和平法會」。北京佛教界人士聚集一堂，祈禱人民安樂，世界和平。法會結束時，還施放瑜伽焰口，演奏祥和安寧的佛教音樂。

廣化寺一年四季都風景優美，又以秋季最為驚豔，那時菊花盛開，古剎裡的檀香菊香融合成靜謐安詳的味道。

【閱讀連結】

近年來，北京市佛教協會籌措資金對廣化寺的山門殿、天王殿、大雄寶殿、藏經閣四進殿堂，以及東西配殿、配樓全面維修，油漆彩繪一新，奉安佛像，從市文物部門請來一尊毗盧遮那大銅佛像供奉在大雄寶殿，天王殿的四大天王、二金剛也重新塑造，逐步恢復了清淨莊嚴的面貌。

在新的歷史時期，廣化寺一直試圖創設一種契理契機的弘法方式，努力發揚佛教的愛國愛教、濟世利民之優良傳統，教導人們如何完善人格、服務社會、淨化心靈，為和諧北京、和諧社會做出了積極的貢獻。

▋禪法真傳的拈花寺

　　北京地區以拈花寺命名的寺廟有崇文區拈花寺、西城區拈花寺。崇文區拈花寺建於明代，中華人民共和國成立後屬崇文區板橋小學，西城區拈花寺位於北京西城大石橋胡同，是北京市文物保護單位。

　　西城區拈花寺建於明代，但最初的時候不叫這個名字。明萬曆年間，公元一五八一年，司禮監太監馮保奉孝定太后之命，為西蜀僧徧融創建寺廟。因在寺內千佛閣供奉銅製「毗盧世尊蓮花寶千佛」，佛座周圍的千朵蓮花上有千佛旋繞，千佛大小一樣，高四吋左右，故名「護國報恩千佛寺」。

北京拈花寺

石濤作畫圖

朱亨嘉是大明王朝最後一任靖江王，他去世後，四歲的小世子朱若極被貼身侍衛官陽正道抱出王府，逃到全州湘山寺，落髮為僧，法號石濤。

後來，清兵破了靖江，陽正道帶著小世子一路出逃，最後索性潛入了北京城，在護國報恩千佛寺安頓下來。

護國報恩千佛寺周邊是連片低矮的民宅，這座古廟本來有高閣重簷，雕梁畫棟，但當時卻荒草叢生，破敗不堪。廟裡只有一個叫智吉的老僧。石濤進入寺後，智吉擔負起了教導他佛學的責任，陽正道也皈依為居士，日夜苦讀佛經，為石濤傳授佛學。

石濤長大後，得知了自己的身世，他為自己取了個法號叫「苦瓜」，每到父王忌辰當夜，石濤便捧出祖宗牌位，垂淚祭拜。

石濤後來半世雲遊，飽覽名山大川，所畫山水，筆法恣肆，離奇蒼古而又細秀妥帖，他畫花卉也別有生趣，並著有《畫語錄》，成為清初山水畫大家，「四大畫僧」之一。

公元一七三四年，清雍正皇帝敕令重修護國報恩千佛寺，並取世尊拈花示眾之意，賜名「拈花寺」。這個寺名取自一個「拈花一笑」的禪宗故事：

有一次，大梵天王在靈鷲山上請佛祖釋迦牟尼說法。大梵天王率眾人把一朵金婆羅花獻給佛祖，隆重行禮之後大家退坐一旁。

佛祖拈起一朵金婆羅花，意態安詳，卻一句話也不說。大家都不明白他的意思，面面相覷，唯有摩訶迦葉輕輕一笑。

佛祖當即宣布：「我有普照宇宙、包含萬有的精深佛法，熄滅生死、超脫輪迴的奧妙心法，能夠擺脫一切虛假表相修成正果，其中妙處難以言說。我不立文字，以心傳心，於教外別傳一宗，現在傳給摩訶迦葉。」然後把平素所用的金縷袈裟和缽盂授與摩訶迦葉。

這就是禪宗「拈花一笑」和「衣缽真傳」的典故。據說，這也就是禪宗的起始。禪宗的特色就是：傳道授學，講求心領神會，無需文字言語表達。中國禪宗把摩訶迦葉列為「西天第一代祖師」。

至清末，拈花寺仍為京城名剎，為「八剎三山」之一。

拈花寺坐北朝南，建築面積六千四百三十二平方公尺，房屋一百八十四間，分三路，各五進院落。中路建築自南至北有：影壁，長二十四點五公尺，厚一公尺，石砌；山門三間，簷下有斗栱，石雕石券拱門，額書「敕建拈花寺」，門兩側為八字牆，門內左右為鐘、鼓樓，後世已被拆除。

大梵天王像

　　正面有天王殿三間，簷下有斗栱；大雄寶殿面寬五間，後也已拆除，殿前有月台，台下立有兩座公元一五八一年的明代石碑。一為長沙楊守魯撰〈新建護國報恩千佛禪寺碑記〉，另一座明碑為安陽喬應春撰〈新建護國報恩千佛寺寶像記〉碑，兩座明碑均為鎮陽林潮書丹。此外，還有一座公元一七三四年的清世宗雍正〈御製拈花寺〉碑。

　　大雄寶殿內供有朝鮮國王貢獻的古銅羅漢像十八座和二十四諸天像，光澤如漆，其中二十四諸天像肅穆威猛，由於所持法器在渡海時不慎失落，雖

經修補，但工藝卻較原作遜色了。大雄寶殿外額曰「覺岸慈航」，殿內額曰「普明寶鏡」，均由雍正帝御書。

另外，拈花寺東西配殿各五間；伽藍殿五間，兩側接引殿各十六間；藏經樓五間，兩側為過壟脊灰筒瓦合角短廊，東西配樓各三間。

釋迦牟尼雕像

東路有六層殿：一層殿三間；二層殿五間；三層殿九間，坎牆內鑲石刻；四層殿五間；五層殿五間，兩側有廂房；六層殿五間，兩側廂房各五間，東廂房兩次間的後山牆上鑲有石刻。

西路有四層殿：一層殿三間，垂花門一座；二層殿五間；三層殿五間；四層祖堂，為「凹」形建築，共十七間，祖堂前原有一座四角攢尖方亭，名「素心亭」，後被拆除。

【閱讀連結】

相傳，佛祖「拈花一笑」所傳的，其實是一種至為祥和、寧靜、安閒、美妙的心境，這種心境純淨無染、淡然豁達、無慾無貪、無拘無束、坦然自得、不著形跡、超脫一切、不可動搖、與世長存，是一種「無相」、「涅槃」的最高的境界，只能感悟和領會，不能用言語表達。

靈鷲山法會上摩訶迦葉對佛祖拈花微微一笑，意蘊頗深。正是因為摩訶迦葉領悟到了佛祖所提倡的這種境界，所以佛祖把衣缽傳給了他。

▌龍泉寺與賢良寺

龍泉寺與賢良寺是北京「內八剎」中的兩座寺廟。龍泉寺位於陶然亭西側的龍爪槐胡同，又稱龍樹院。占地面積一萬平方公尺。始建於宋代，創建人為谷靜端禪師，號龍泉老人，故寺名「龍泉」，寺內原有龍泉井，水味甘美，後傾廢。

北京龍泉寺

傳說公元一六八〇年十二月二十一日，清聖祖康熙皇帝得閒，帶著一行人來到龍泉寺，受到方丈等人的熱情接待。

北京龍泉寺內各大殿

　　康熙皇帝早有耳聞，龍泉寺的老方丈棋藝很高，並且那裡的泉水甘美，就想來龍泉寺一遊，與老方丈品茗、對弈。

　　老方丈的棋藝果然很高，一連下了三盤棋，康熙皇帝全輸了，他面子上有點過不去，很想難為一下老方丈。

　　康熙皇帝自認為博學多才，就想用對對聯的方式，難為老方丈，於是康熙說道：「長老的棋藝，的確是名不虛傳，朕欲賜長老御宴，只是時辰尚早，不如拈聯答對，湊趣助興，長老意下如何？」

　　老方丈起身叩謝道：「謝聖上龍恩，貧道斗膽，請賜上聯。」

　　康熙帝略加思索，說出上聯：

　　山石岩下古木枯，此木是柴。

　　康熙出罷上聯，心想：我這上聯不但打「岩、枯、柴」三個字，而且我們坐著的地方正對著岩上一棵枯樹，下聯要對得恰當談何容易？

　　不料老方丈略一沉思，隨口對出：

白水泉邊女子好，少女真妙。

此聯中也有三個字：「泉、好、妙」，正與康熙上聯的「岩、枯、柴」字，同為合體字，且對仗工整。

康熙感覺方丈的這個下聯對得無懈可擊，心想：難道老方丈真是個人才？那我也就不虛此行了，心中暗喜。

康熙便裝寫字圖

這時，御宴已經擺好，康熙隨手指著桌邊的兩盤豆，又說出一字聯：「豆。」讓老方丈對。

老方丈看到桌上放著一甌油，就對道：「油。」

康熙又說道：「兩碟豆。」

老方丈再對：「一甌油。」

康熙想了想，狡辯說：「長老差矣，我所說的並非酒宴席上的『豆』，而是兩隻蝴蝶在花叢中戲鬥，兩蝶鬥。」

老方丈從容對答：「皇上！我所說的，也並非酒席宴上的一甌油，而是一鷗鳥在池塘裡戲遊，一鷗遊。」

菩薩鍍金塑像

康熙聽了臉上露出笑容，親自起身，高舉酒杯：「朕敬你三杯醇酒。」

老方丈不敢違背皇上的意願，只得喝下。隨後康熙同方丈同桌進餐。席間兩人談著漢賦、唐詩、宋詞、元曲，各發高論，康熙皇帝暗喜，終於找到可以與自己談古論今的人。

漸漸地，老方丈與康熙皇帝交上了朋友，皇帝經常到龍泉寺看望、請教，老方丈也經常為皇帝的治國安邦出謀劃策。康熙的侍衛、清初第一詩人納蘭性德，也作有五律〈塑龍泉寺詩〉：

招提偶然到，在宿離喧雜。

列有雯始開，雙扉晚初闔。

禪心投缽龍，梵響下簷鴿。

既聞陵闕望，亦謝主賓答。

遙夜一燈深，石爐燒艾納。

神態各異的羅漢塑像

公元一六八五年，龍泉寺由住持無生禪師重修，竣工後，立重修碑，邀請清順治時進士、清康熙時保和殿大學士兼禮部尚書王熙撰寫重修碑文。

保和殿是北京紫禁城外朝三大殿之一，位於中和殿後，建成於公元一四二○年，初名謹身殿，明嘉靖時遭火災，重修後改稱建極殿。清順治時改為保和殿。保和殿於明清兩代用途不同，明代大典前皇帝常在此更衣，冊立皇后、太子時，皇帝在此殿受賀。清代每年除夕、正月十五，皇帝賜宴外藩、王公及一二品大臣。

重修後的龍泉寺坐北朝南，分中路、西路、東路三路建築，其中東路建築後來拆改。

中路，從南往北依次是山門、大殿、後殿，山門已拆除。大殿建在高大的青石台基之上，面寬五間，七檁硬山頂，前出廊灰筒瓦屋面，排山勾滴，

正脊雕有花飾。大殿兩側為東西配殿，西配殿面寬三間，七檁進深，硬山頂，前出廊。

後殿位於寺院的最北邊，面寬五間，七檁硬山頂，灰筒瓦屋面，排山勾滴，雕花正脊。

主殿的東西兩側建有配殿，面寬三間，七檁硬山頂，前出廊，灰筒瓦屋裡，正脊為灰瓦排列而成的鏤空花脊，山牆廊步開有券門，連接遊廊。

主殿的西邊建有耳房八間，五檁硬山頂，灰筒瓦屋面，鏤空花脊。中路西部廊廡位於大殿和後殿兩座西配殿之間，面寬七間，硬山頂，五檁前出廊，當心間為門道，通往西跨院。

西路後世僅存一進庭院，由正房、南房及西殿房組成。正房面寬三間，七檁硬山頂，前出廊，鏤空花脊，排山勾滴。南房為小式結構，面寬三間，五檁硬山頂。西配房面寬三間，小式結構，五檁進深，灰筒瓦屋面。

硬山頂是中國傳統建築中雙坡屋頂形式之一，房屋的兩側山牆同屋面齊平或略高出屋面，屋面僅有前後兩坡，左右兩側山牆與屋面相交，並將檁木梁全部封砌在山牆內，左右兩端不挑出山牆之外。硬山建築是古建築中最普通的形式，無論住宅、園林、寺廟中都有大量的這類建築。

北京龍泉寺內正殿

　　龍泉寺全寺共有殿宇、僧舍等兩百四十五間。寺內羅漢、神像十十八尊。銅、鐵鐘、大鼓、鐵鐘磬、錫供件、佛龕、鼎、琉璃製清規牌、竹禪畫佛像等三十三件，《大莊經》、石刻《金剛經》各一部。

　　龍泉寺中原有一眼井，水味甘美，可與當時南城以水甘傳名的姚家井的水質媲美。龍泉寺在清代中期以後，是文人、政客遊賞唱賦之地。當時龍泉寺的廟會非常興盛，有香客募捐，在東院建萬緣茶棚，施茶施粥，普結善緣。

寺廟菩薩塑像

　　賢良寺位於北京東城金魚胡同、校尉胡同、煤渣胡同一帶虎頭峰下，這裡風光秀麗，堪稱吉壤，最早在明朝時是御賜著名的「十王府」。清軍入關後，

這裡就成了清王公貝勒的府邸。公元一七三四年建寺前，寺廟所在地原是清雍正皇帝的弟弟怡親王允祥的王府。

允祥的怡王府面積很大，除王府井東邊臨街的一些地方外，校尉胡同以西，金魚胡同以南，帥府園胡同以北，這一大片地方都屬怡親王府。

允祥在生前表示，自己百年之後將宅改為寺廟，故公元一七三〇年他去世後，怡王府即改為寺廟，其名字「賢良寺」由雍正皇帝賜名，並御撰碑文。

最早的賢良寺，被公元一七五〇年完成的〈乾隆京城全圖〉忠實地繪入圖中。府門南側添建了碑亭、燎爐等，在帥府園添建了寺門，寺門對面建有影壁一座。

公元一七三三年，於賢良寺內設藏經館，廣集經本，校勘編撰《大藏經》。公元一七五五年，乾隆皇帝又下令將賢良寺移建冰渣胡同。

移建後的賢良寺面積減少，但仍規模不小，主要建築有山門、碑亭、前殿、正殿、經樓、東西配殿、寮房等。正殿面寬五間，為綠琉璃瓦歇山頂，懸木額「賢良寺」，其餘建築均為大式硬山灰筒瓦頂，還有乾隆皇帝御書《心經》塔碑。

歇山頂即歇山式屋頂，宋朝稱九脊殿、曹殿或廈兩頭造。清朝改今稱，又名九脊頂，為古代建築屋頂樣式之一，在規格上僅次於廡殿頂。歇山頂共有九條屋脊，即一條正脊、四條垂脊和四條戧脊，因此又稱九脊頂。由於其正脊兩端到屋簷處中間折斷了一次，分為垂脊和戧脊，好像「歇」一歇，故名歇山頂。

賢良寺的塔院原有兩處，當地俗稱東、西塔院。後僅存東塔院，東塔院有兩塔，兩塔坐北朝南，東西排列，均為藏式塔。東邊一塔高約七公尺，完好無損，為呂和尚之塔；西邊一塔高約八公尺，塔剎已失，為明公和尚之塔。賢良寺的塔院以東，有座完整的四合院，名曰賢良堂。

因賢良寺距皇宮很近，所以以往外省官吏進京述職，多居於此。之後，賢良寺便成了外省的朝廷重臣進京朝見的住處。曾國藩、李鴻章、左宗棠、張之洞等晚清炙手可熱的地方督撫進京都寄住於此。

　　李鴻章第一次進京時便住這賢良寺，之後的無數次進京，李鴻章均居賢良寺。賢良寺西三跨院是李鴻章自己出錢翻修的，西三跨院東廊和賢良寺連著。李鴻章居住的這排房，主間有五十多平方公尺，還有兩間各十五平方公尺的配間。

　　此外，康有為、沈子培、王病山等維新派人物進京時，也曾寓於此，左宗棠進京也多次在此居住。

文殊菩薩塑像

　　李鴻章去世後，西三跨院送給賢良寺，算作了廟產。李鴻章生前用過的綠呢大轎，還一直存放在賢良寺的藏經樓中。

　　賢良寺後為遊人喜愛之處，寺廟地勢寬敞，肅靜無譁。據《北平旅行指南》記載：

「庭中古柏參天，老槐蔭地，清涼至甚。如夏季吾人苟置身廟中，就蔭涼下，盤膝而坐，以茶一甌，書一卷，祛斯炎氛。倦而拋書一覺，午夢初長，不知炎暑，怡然自得，則不啻又一桃源也。寺中有畫壁，畫工精緻生動，實臻上乘；藝術之佳，洵為近代所罕見。壁上係一羅漢像，左手下隱伏一白額猛虎，右手張一大扇，作飛揚狀，蓋喻隱惡揚善之意也。」

從《北平旅行指南》記載中，人們可以感受到賢良寺當年的模樣。現在的賢良寺的大部分建築已被拆除，現只剩下寺東邊的一進小院，深藏在校尉小學的高樓東邊。

【閱讀連結】

公元一九〇一年十一月七日，李鴻章在賢良寺歿於欽差大臣任上，終年七十八歲。消息傳到慈禧處，慈禧的眼淚當場就流了下來，忍不住感嘆說：「大局未定，倘有不測，再也沒有人分擔了。」

據史書記載，臨終前李鴻章曾吟詩一首：「勞勞車馬未離鞍，臨事方知一死難。三百年來傷國亂，八千里外弔民殘。秋風寶劍孤臣淚，落日旌旗大將壇。海外塵氛猶未息，諸君莫作等閒看。」這或許就是李鴻章一生的苦衷。

佛光普照——北京外八剎

　　北京著名佛寺中，和「內八剎」相對的是「外八剎」，它們是：覺生寺、廣通寺、萬壽寺、善果寺、天寧寺、圓廣寺、南觀音寺與海慧寺。這八個寺廟均在北京老城區之外。

　　在「外八剎」中，僅覺生寺和萬壽寺有遺址可尋，而且後來得到過修葺，並建成了博物館。其他幾座寺廟只是保留在地名和一些老人的記憶中了。而「外八剎」中最有知名度的是覺生寺，這裡的大鐘堪稱世界的第一大鐘。

▍鐘醒眾生的覺生寺

　　覺生寺位於北京西北部，據寺中碑刻記載：清雍正皇帝認為，京城西直門外的曾家莊，此地右隔城市之囂，左繞山川之勝，宜為寂靜清修之地。因此於公元一七三三年正月下令興建佛寺，並為寺廟取名覺生寺。

覺生寺古剎

　　覺生寺於公元一七三四年建成，山門之上的石匾額上，有清雍正帝御筆「敕建覺生寺」五個字，四周刻有九條出水穿雲的飛龍。正門的每扇大門都有九九八十一顆門釘，意味該寺為皇家寺廟。

　　門釘在古代建築物中，門釘只在板門上使用。據說門釘源自墨子所說的「涿弋」，長兩吋，見一吋，即釘入門板一吋左右，最初是用來提防敵人用火攻城，所以在涿弋上塗滿了泥，起防火作用。後世門釘成為銅製的圓形突起裝飾，並且數量和排列都有一定的規定。

覺生寺門前的獅子

　　覺生寺占地三點八萬平方公尺，坐北朝南，中路主體建築由南向北依次為影壁、山門、鐘鼓樓、天王殿、大雄寶殿、後殿、藏經樓、大鐘樓及東西藏經樓，主殿房兩側各有配殿。

　　大鐘樓是覺生寺內的核心建築，高二十公尺，上圓下方，象徵天圓地方。樓內青石砌成的台基上高懸永樂大鐘，因鐫刻有《華嚴經》，又稱華嚴鐘。

　　永樂大鐘為明成祖朱棣令京師鑄鐘廠鑄造。明成祖定鼎北京後，借助弘揚佛法宣傳以「大明永一統」為核心的施政綱領，行使其文化、政治使命，這就是他下令鑄造永樂大鐘的真實目的。

　　永樂大鐘鑄成後，先是懸掛在內宮掌管百官做佛事的機構漢經廠，這是專門為皇帝、后妃禮佛的場所。遇有萬壽聖節時，撞鐘做佛事。

覺生寺的鐘

明成祖駕崩後，漢經廠被廢；明萬曆年間，明神宗恢復漢經廠，並將永樂大鐘移至當時京西新建的萬壽寺。因為萬壽寺是繼承漢經廠的制度而興建的。公元一五七七年，漢經廠所收藏的漢文佛經被遷移時，這口大鐘也被一起遷至萬壽寺。到了明天啟年間，以「京城的虎方，不宜有金聲」為由，將大鐘棄於地。

　　到了清雍正時期，一位大臣於公元一七三三年四月，在奏摺中說道：

　　「覺生寺在京城之乾方，在圓明園之巳方，鐘之本體屬金，若移安覺生寺後甚為合宜。若在京城之東南安設，位屬貪狼木星，有金木之克，未為合宜。看覺生寺殿宇五層，後閣屬土，若在閣後另建一層安設此鐘，取金土相生之意，甚屬妥協。」

　　經過朝臣們的一番爭論，雍正皇帝最後下令，在覺生寺的五重殿後建大鐘樓，將萬壽寺的永樂大鐘移到覺生寺裡懸掛；但不久雍正皇帝駕崩，移鐘計劃未能實現。

　　敕建覺生寺的工程，自公元一七三三年正月起，告成於公元一七三四年冬，但將鐘從萬壽寺移過來，一直到公元一七四三年才建成懸掛大鐘的鐘樓，歷時十年，覺生寺這才得以全面竣工。

　　此移鐘盛事，在許多史籍中都有詳細記載，覺生寺也因此被稱為「大鐘寺」。

　　由於永樂大鐘通高六點七五公尺，口徑三點三公尺，重四十六點五噸，是世界上最大的銅鐘。鐘身內外鑄有佛經咒百餘種，總計二十三萬多字，所以它又是世界上銘文字最多的大鐘。字體端莊雋秀，傳為明初書法家沈度所書。

　　沈度（公元一三五七年至一四三四年），字民則，號自樂，篆隸真行諸體皆能，被明成祖譽為「我朝王羲之」，擢為翰林修撰、侍講學士，善書之名超過時輩如解縉、胡廣、梁潛等人。因此之故，其小楷成為官場中人和士子效仿的對象，遂為「台閣體」及清代「館閣體」之濫觴。

這樣「魁梧」的大鐘當初是怎樣掛到鐘架上去的？相傳搬運大鐘時，要先每隔一里挖一口井，再沿通過的道路挖成淺溝，在冬天從井裡提水注溝，待結冰後，在將鐘放在冰上用畜力拖行。

大鐘運到目的地，在預定的位置堆起土堆，將大鐘拖到土堆頂上，四周十六根柱子和大梁全是六拼楠木，立上柱子，架上梁，使這些木柱連成一體，把重量分散到每根柱子上。

寺廟佛像

鐘架鐘紐處，是一根長一公尺、寬六公分的銅穿釘；穿釘雖小，但承受九萬餘斤的大鐘卻很安全。原來，當時的工匠在銅穿釘中心處鑄進了一根低碳鋼芯，增加了負重力，該銅釘兩頭就藏在兩個引人注目的蒲牢獸紐的後面。鐘掛好後，將鐘下的土清理走，大鐘就懸了起來，最後蓋上鐘亭樓頂。

永樂大鐘之所以聲音效果好，是因為永樂大鐘下有一個直接砌在青石台基上、呈八角形的水池，池深七十公分，直徑四公尺，池口距鐘口一公尺，形成了「共鳴」池。

因此，鐘聲清揚激越，可達方圓百里，低音頻率豐富，穿透力強，餘音可持續三分鐘之久。內行人從鐘聲中分辨出十幾種音素所產生的和諧音調，由此可見古人是何等的聰明。

　　歷史上，大鐘寺不僅是佛教徒做法事的場所，在清代也是京師皇家祈雨的重要場所之一。在清代皇室宗親非常重視祭祀活動，其中也包括傳統的祈雨拜天活動，而這項活動有一定的季節性，與農事和自然災害聯繫在一起。

　　清代初年，遇上久旱無雨，為了祈求上蒼降雨，皇帝要親自前往圜丘、黑龍潭、大高殿等處祈雨。

覺生寺文物

乾隆帝曾先後多次駕臨大鐘寺。除公元一七六七年外，乾隆每次都留下了吟詠大鐘寺大鐘的詩文，其中公元一七四七年所作〈御製覺生寺祈雨詩〉，於公元一七六四年被鐫刻於御製碑陰。詩曰：

「侵晨奠靜安，返蹕禮栴檀。結習鎮如此，覺生良已難。

聊因甘雨足，稍為暢懷寬。調御無憂喜，金剛四句觀。」

公元一七八七年，乾隆正式下旨，闢大鐘寺為祈雨場所。從此，永樂大鐘除逢年過節外，「非祈雨不鳴」，每當遇上久旱無雨之年，皇帝就會親赴大鐘寺拈香祈雨；若皇帝不來，則由皇親國戚輪流代替，直到清末。

覺生寺覺生殿

大鐘寺雖是皇家寺廟，平時香火亦很旺盛，是京城八大傳統廟會之一。尤其每逢正月初一至十五，都會舉行規模盛大的廟會，屆時善男信女燒香拜佛，祈福還願者絡繹不絕，來逛廟會觀大鐘、看熱鬧者也大有人在。

廟會又稱「廟市」或「節場」，是漢族民間宗教及歲時風俗，也是中國集市貿易形式之一，其發展和地域的宗教活動有關，在寺廟的節日或規定的日期舉行，因多設在廟內及其附近。廟會是中國民間廣為流傳的一種傳統活動，它的存在和演變都與百姓的生活息息相關。

大鐘寺因地處郊野，寺外空曠，又距城不遠，為商品貿易提供了場地和客源。很多商販都來設攤售貨，應時食品、兒童玩具、日用器皿、大小農具，無所不有，各種曲藝雜耍藝人也在此設場表演。

同時，城鄉各處的民間花會、高蹺、旱船、太平車、舞獅、竹馬等也在廟內外表演。太平車是民間社火舞的一種，也叫車燈、小車舞。是用竹子或木條紮成獨輪車架，外邊蒙上布，也是套繫在女舞者的腰間，好像坐車的樣子；另一個人一般為莊稼漢打扮，在後面推車，模仿推獨輪車的動作，和車中女舞者配合，翩翩起舞。

廟內香煙繚繞，鐘磬齊鳴，人頭攢動，幾無立錐之地；廟外幡旗招展，鑼鼓喧天，人聲鼎沸，比肩繼踵。

旱船是民間表演藝術形式之一，逢年過節，各地都流行這種民間舞蹈，這是一種模擬水中行船的民間舞蹈。「旱船」是依照船的外觀形狀製成的木架，在這種船形周圍，圍綴上繪有水紋的棉布裙或是海藍色的棉布裙，木架上有各種裝飾，豔麗非凡。

覺生寺大鐘

　　在大鐘寺廟會上，除燒香拜佛外，最吸引人的是廟外的「跑快車」和「走馬」。滿族人富察敦崇在他的《燕京歲時記》中描述大鐘寺廟會的景象：

　　「每至正月，自初一日起，開廟十日。十日之內，遊人坌集，士女如雲。長安少年多馳驟車馬以為樂，超塵逐電，勞瘁不辭。一騎之費，有貴至數百金者。豈猶有金台市駿之遺風歟！」

　　跑車又叫「跑熱車」，就是賽車，不僅賽誰的車跑得快，還要看車的裝飾，輓車騾子的體形、毛色，以及御者的穿戴打扮、執鞭行走的姿勢等等。

　　就車的裝飾來說，車圍子就是給車穿上「衣服」，一般用深淺兩色藍棉布縫製，只有外面一層。高級的用綢緞呢絨，裡外都有圍子，更高級的分單夾皮棉紗，根據季節變換。冬天用灰鼠皮、狐狸皮作裡面圍子。

　　在車圍周圈鑲嵌十三塊玻璃，謂之「十三太保」。夏天轎廂前有撐竿支涼篷，遮住轅騾，轎廂兩側也支涼篷，謂之「雙飛燕」。

　　車圍子外面鑲邊、包角等處，還都有各種花紋圖案以及流蘇等裝飾。

　　輓具即以木、皮革、麻、棉製成的鞍、夾板、韁繩、籠頭等，上面均有裝飾，有的甚至鑲金嵌玉，所謂的「金鞍玉轡」。

輓車的騾子也很講究，長相要好，毛色要純。都經過特殊訓練，拉上車要小跑，但蹄下不亂，故叫「跑車」。

　　走馬也就是賽馬，不准馬的四蹄騰空往前躥，而是四個蹄交替著走，要走得快，走得穩，故叫走馬。

覺生寺建築

　　走馬還要看鞍轡是否鮮明、騎手的穿戴是否講究入時、騎術是否高明等等。誰勝誰負，還要根據觀眾的喝彩聲來分高低。

　　在廟會期間，凡來大鐘寺的，不管是燒香拜佛還是遊覽看熱鬧，不僅要一睹永樂大鐘雄姿，還樂於參加「打金錢眼」活動。

　　所謂「打金錢眼」，是指永樂大鐘頂部那個碗口大的洞眼，本是為保護鐘體而特地做的。不知從何時起，民間盛傳那鐘眼是一個「金錢眼」，若能把錢投入眼內，來年必定大吉大利，萬事如意，擲進越多越吉利。

　　於是，人們爭相登樓用銅錢投擊小孔，投中者銅鑼叮噹作響，謂可得福發財；有人屢打不中，不把囊中之錢用盡，不肯罷休。大鐘下之池中銅錢盈尺，開廟半月足夠寺僧一年之需。

現在，「打金錢眼」已作為一種有趣的民俗活動保留下來，在每年正月初一至初六的廟會期間，凡是要登梯看大鐘的人都要往「金錢眼」中擲幾枚硬幣，希望投中，來年諸事順利。當然這只是遊客娛樂的一種方式而已。

【閱讀連結】

永樂大鐘被稱世界鐘王，而最引人驚嘆的奇蹟，莫過於將二十三萬多字的佛教經文和咒語，上上下下、裡裡外外鑄滿了大鐘的每一寸表面。明成祖晚年潛心撰寫《諸佛世尊如來菩薩尊者神僧名經》凡四十二卷，二十萬言，其中前二十卷十萬字便鐫刻在永樂大鍾不朽的鐘面上。二十三萬字的版面，安排得如此勻稱整齊，從頭至尾絕無空白，又一字不多一字不少，真要經過一番精心的運籌和計算。

據說是大書法家沈度，率京中名士先在宣紙上把經文寫就，然後用硃砂反印到鐘模上，再由工匠雕刻成凹陷的陰文。剩下的事，便是以火為筆，以銅為墨，一揮而就這這光潔挺秀、見稜見角的二十三萬金字。

法王道場的廣通寺

廣通寺又稱法王寺，位於北京北下關高梁橋附近，該寺為元代法王寺別院，至元初年本剎住持貴吉祥所建，是三藏法師默克沙實呷的宏法道場。

高梁橋在北京西直門外一公里的地方。元世祖忽必烈時期，郭守敬為了漕運需要，引昌平浮泉水到西山甕山泊後，再從甕山泊把水引入市內積水潭，高梁河成了必經的水道，並在高梁河上建了一座石橋名為高梁橋，又在高梁橋附近修建了廣通寺。

寺廟佛像

　　明王朝剛剛建立時，傳說宰相劉伯溫奉明成祖之命在北京建都，但一夜之間北京城內各水井都沒有水了。劉伯溫意識到這是因為沒有參拜龍王，激怒了神明；但此時龍王已經將北京城裡的水用魚鱗水簍裝好，用車推走了。

石雕佛立像

劉伯溫急忙召來大將高亮出城追趕水，命他刺破水簍後盡快往回趕，千萬不可回頭。

高亮遵命急忙前往，在玉泉山通海的海眼附近追上了龍王。高亮挺槍刺破了魚鱗水簍，轉身拖槍便走，耳聽身後水聲不絕，高亮走到西直門前，正看到劉伯溫站在石橋上向他招手，他以為沒事了，於是回頭望了一眼。沒想到一個大浪打來，將高亮和戰馬一併捲去。北京人為紀念高亮，將劉伯溫所站的石橋稱為「高亮橋」，後人因諧音逐漸轉稱高梁橋，將龍王推水軋出的溝稱為車道溝，高亮拖槍劃出的溝後來成為一條河，稱為「高亮河」，後諧稱高梁河。

明初太監劉瑾，隨太后經高梁橋入廣通寺進香，當時仍名法王寺。公元一五五九年，由內官監太監田用和御門圈太監梁經出資重修法王寺，並改名為廣通寺。

重修後的廣通寺，規模和建築都有了明顯的增加，首先是四周增加了圍牆，寺四角還建有高樓，成了踏青人登高遠眺的理想場所。

廣通寺中有兩座石碑，為明嘉靖時的大學士徐階撰文，餘姚士紳李本書，成國公希忠篆額。

明代不斷有出宮養老的太監到廣通寺居住，頤養天年，因此廣通寺與皇宮內的聯繫從未間斷。

進入清代以後，康熙年間又有僧人捐資，修無量壽佛殿三楹。前為天王殿，後為大雄寶殿，左右環以十八羅漢，再後為方丈，各二十七楹，作為禪堂、齋堂和廚庫。使廣通寺在附近的廟宇猶鶴立雞群，巍然壯觀，成為京城春遊勝地。

公元一六七三年，康熙微服私訪到圓明園，路過西直門廣通寺，在憶祿居品嚐過薄脆後大加讚賞，後傳旨進奉，從而使薄脆這種北京傳統小吃聞名遐邇。公元一七一二年，康熙皇帝曾為廣通寺作御書「廣通寺」額。

公元一七三三年，清政府撥庫銀在廣通寺殿前，立清雍正皇帝〈御製廣通禪寺〉碑，此碑記「雍正十一年八月，特發帑金，重為修葺」，隨後表明了他對「圓修萬行，則欣厭之情滅，塵緣之妄空」的看法。

公元一七六八年冬季，清代著名高僧徹悟大師，參訪京都廣通寺粹如純大德；後來他繼任廣通寺方丈，前後十四年如一日地用功辦道，為眾樹立典範，策勉後學，樂此不疲，在佛教界有了很高的名望和影響，廣通寺也因之聲名遠颺四方。

【閱讀連結】

相傳京戲《法門寺》的故事即發生於廣通寺。京劇《法門寺》是非常有代表性的一個劇目，白京劇誕生的兩百餘年來久演不衰。這齣戲讓人們產生了「法門寺降香的地點到底在哪裡」的疑問。眾所周知，法門寺在陝西省鳳翔縣，離北京一千餘公里。故事發生的時間是明朝正德年間，京城仍在北京，那麼北京距陝西這麼遠，不可能讓一個白髮蒼蒼的老太太到那裡去禮佛降香。

其實，法門寺的原形就是法王寺。法王寺到明以後不斷有出宮養老的太監到此居住頤養天年，因此與皇宮內的聯繫從未間斷。劉瑾隨太后降香時仍名法王寺，況且與「法門寺」名只有一字之差，其時間地點非常吻合。由此可知，《法門寺》的故事就發生在廣通寺。

聚慧增福的萬壽寺

萬壽寺位於北京西北部紫竹橋東北，原址為民間寺院「聚慧寺」，據《京城古蹟考》記載，該寺建於唐代。

萬壽寺山門

明代時，初為太監谷大用的家廟。公元一五七七年三月，由明神宗的母后慈聖李皇太后出資銀巨萬，司禮太監馮保督造，竣工於公元一五七八年六月，由朝廷賜名為「萬壽寺」。

萬壽寺萬壽殿

當時，由大學士張居正奉敕為萬壽寺撰寫了敕建碑文，主要用於收藏中文佛教經卷，是遠近聞名的皇家大寺。張居正（公元一五二五年至一五八二年），字叔大，少名張白圭，又稱張江陵，號太岳，祖籍安徽鳳陽，湖北江陵人，謚號「文忠」。張居正是中國歷史上優秀的內閣首輔之一，是明代中後期的政治家、改革家，輔佐萬曆皇帝開創了「萬曆新政」。

傳說在明萬曆皇帝為其母慈聖皇太后建造的鐵塔中，慈聖皇太后把雲居寺所藏，釋迦牟尼佛的五顆黑、紅舍利用珍珠調包，安放至此。

後來，佛經移往他處，萬壽寺成為帝王臨幸駐留之所。明代稱萬壽寺「璇宮瓊宇，極其宏麗」，與之相毗鄰的紫竹院原是當時萬壽寺的下院。

到清代，萬壽寺曾多次重修，山門上方有公元一六四五年清順治帝御賜的石匾，上書「敕建護國萬壽寺」。從公元一七五一年至一七六一年，清乾隆皇帝曾三次來萬壽寺；為給其母祝壽，又曾兩次重修萬壽寺，使規模更趨宏麗。

光緒初年，萬壽寺曾毀於一場火，之後成為菜圃，到公元一八九四年，再次重修萬壽寺作為行宮，連菜圃一起圈入。

清代末年，由於萬壽寺處於北海通往頤和園水路的中點，慈禧太后從水路長河來往頤和園時，會在萬壽寺拈香禮佛，並在西跨院行宮喫茶，故有「小寧壽宮」之稱。

萬壽寺坐北朝南，南臨長河，東鄰「延慶寺」，是東西長河沿岸最著名的古剎之一。整體結構保存較完整，占地三點二萬平方公尺，東西排列分為中、東、西三路。

萬壽寺主要建築以中路為主體，自山門以內共七進院落，呈軸線對稱分布，中路建築向北依次為天王殿、大雄寶殿（即大延壽殿）、萬壽閣、大禪堂、假山上的觀音、文殊、普賢三大士殿，山下有地藏洞、御碑亭、無量壽佛殿、萬佛樓等。西路為行宮，東路為方丈院。

萬壽寺鐘鼓樓

萬壽寺天王殿

　　萬壽寺山門為歇山式建築，面寬三間，磚雕八字牆分列兩旁，山門殿兩側各有石窗一扇，山門上方有清順治御賜的石匾，券頂繪有青天流雲百蝠圖，百隻形態各異的紅色蝙蝠飛翔於青天流雲之間。紅蝙蝠諧音為「洪福」，整幅圖案寓意為「洪福齊天」，以此祝願入寺祈願之人。

山門兩側的牆、撇山影壁的磚雕，構圖精細，是不可多得之藝術精品。進山門後，便是天王殿。天王殿前兩側各有古槐樹一棵，直徑一公尺有餘。

天王殿前左鐘樓、右鼓樓，為歇山頂重樓式。素有「鐘王」之稱的永樂大鐘曾懸掛於此。再前有幡桿一對，漢白玉石座。天王殿為歇山式建築，建於明萬曆年間，清代重修，面寬三間，殿內原供有彌勒佛以及護法神塑像各一尊，兩側為四大天王塑像。

大雄寶殿又名大延壽殿，面寬五間，廡殿頂，明間後簷有抱廈，九踩斗栱承托。廡殿頂又稱四阿頂、廡殿、五脊殿。漢族傳統宮殿的屋頂，以重簷廡殿頂、重簷歇山頂等級最高，其次為單簷廡殿頂、單簷歇山頂。佛殿、皇宮的主殿等重要建築，是採用重簷廡殿頂，最尊貴的形式。

殿內原有清雍正帝御題「慧日長輝」額，後已無存。尚存乾隆皇帝之御書柱聯曰：

「戒慧光中，煙去皆般若；清涼界外，花石盡真如。」

殿內供奉有三世佛，兩側十八羅漢，倒座觀音泥塑像。與眾不同的是，殿內在三世佛前面又加一尊毗盧佛，又叫心願

萬壽寺御製重修萬壽寺碑

佛。毗盧佛是三身佛中的報身佛像，佛的蓮座是千葉蓮花，每一尊蓮瓣上有一尊小佛，那是應身釋迦佛。

傳說，這尊佛像是皇帝親自從印度請回來的。通常情況下，人們向佛祖許願之後，如果心願達成，就應該去許願的寺院還願的，可是這位被稱為「心願佛」的佛祖則不需要還願，因為向他許的願望一定會實現。

自從這位佛祖被請回來，就一直供奉在萬壽寺，而且只允許皇帝一人向他跪拜、許願，全國也只在萬壽寺供奉著這唯一一尊「心願佛」。

三世佛背後，有一尊慈眉善目的觀世音菩薩塑像，由於面北而坐，所以稱為「倒坐觀音」。關於這座觀音像，還有一段傳說中的宮廷祕史：

當年慈禧太后上頤和園，以萬壽寺為行宮，在此休息。大太監李蓮英為了討好慈禧太后，設計了這座觀音像，放在三世佛後面，預示著慈禧垂簾聽政。李蓮英藉此塑像把慈禧比成大慈大悲、救苦救難的觀世音菩薩；而倒坐觀音又取意「觀音到了」。

大雄寶殿東西兩側，有配殿各三間，殿前東西各有御碑一座。東碑陽面為「乾隆十六年仲冬所立」的〈修萬壽寺碑記〉，以漢、滿兩種文字刻寫；陰面書刻公元一七九一年乾隆御筆詩一首。西碑陽面為〈敕修萬壽寺碑記〉的蒙、梵兩種文字書刻；陰面書刻清公元一七八七年孟夏乾隆御筆詩一首，庭中有古柏兩株。

大雄寶殿西配殿也是萬壽寺珍藏佛像的地方，走進殿內門，迎面是一尊宗喀巴大師半公尺高的坐像，另外還有十幾尊鑄銅藏傳佛像和各種藏傳佛教的法器。

清代皇家寺廟，均信奉藏傳佛教。這裡供奉著這位藏傳佛教中格魯派創始人的塑像，說明這裡也是信奉格魯教的。格魯教是藏傳佛教的最大一支教派，歷代班禪大師和達賴皆是宗喀巴大師的轉世弟子，在佛教界的地位可想而知。

格魯派是中國藏傳佛教宗派之一。藏語格魯意即善律，該派強調嚴守戒律，格魯派僧人戴黃色僧帽。宗喀巴大師於十四世紀創立，為阿底峽尊者噶

丹派的後裔之一，所以又稱作噶丹派。格魯派既有鮮明的特點，又有嚴密的管理制度，因而後來居上，成為藏傳佛教的重要派別之一。

大雄寶殿後面是萬壽閣，原名安寧閣，閣有八角，閣前額題「歡喜堅固」，後因不慎失火而被焚毀，只有東西配殿保持原狀，東為大圓滿殿，西為普度眾生殿，皆為面寬三間的歇山頂式建築。

大禪堂建於明代公元一五七七年，清代重修，面寬五間，面寬二十三點零九公尺，進深十五點二五公尺，硬山頂，原為寺內講經說法及僧眾誦經坐禪的場所。

兩側各有配殿三間，硬山頂，與萬壽閣東西配殿間各有廊房七間相連，其進深稍小於配殿之進深。大禪堂後建有三座假山，假山整體結構分為三組，各寓意南海普陀、五台清涼、峨眉三大佛教名山。山上分為三大士殿，各有三間小殿，正為觀音殿，額題「聲聞普遍」，懸山雕大脊，木架結構飾以旋子彩繪，

萬壽寺大雄寶殿

萬壽寺文物

金龍枋心。觀音像的蓮花底座有千瓣，每一瓣都是一尊佛，據說拜此佛便得普天下眾佛庇佑。

觀音殿左為文殊殿，右為普賢殿，三殿之間有迴廊。各殿所在的假山，即象徵所傳三大菩薩顯靈說法的道場：普陀、清涼和峨眉三山。更奇特的是，三大士殿每一塊石頭都頗有來歷，中間的來自普陀山，西側的來自峨眉山，東側的來自五台山，全是由幾百年三大仙山的靈石堆成。三山間溝壑相連，上以石橋相通，千曲百迴，跌宕起伏。山下又有池、橋，觀音殿下假山洞內為地藏洞地藏宮，係四大菩薩之一的地藏菩薩的供奉之所。在這裡，可以讓人一時便拜了三大名山之四大佛祖。

佛典載：地藏菩薩在世時，曾經幾度救出自己在地獄受苦的母親；並在久遠劫以來，就不斷發願要救度一切罪苦眾生，尤其是地獄眾生。因此被普遍尊稱為「大願地藏王菩薩」，並且成為了漢傳佛教的四大菩薩之一。他曾說出「我不入地獄，誰入地獄」的堅定佛語。

佛教三大名山的百年靈石和萬壽寺前流淌的「長河」，形成前有水後有山的「風水」格局。兩棵雌雄銀杏古樹，鎮守在山後兩側，飽經滄桑的虬幹枝葉高聳入雲。山間還有古樹十餘株，在假山下有仙橋水池，假山後有御碑亭，八角攢尖，飾有旋子彩繪，亭內有碑一座。

無量壽佛殿在假山北，為三間之重簷方閣。重簷是在基本型屋頂重疊下簷而成，其作用是擴大屋頂和屋身的體重，增添屋頂的高度和層次，增強屋頂的雄偉莊嚴，調節屋頂和屋身的比例。因此，重簷主要用於高級的廡殿、歇山和追求高聳效果的攢尖頂，共有重簷廡殿、重簷歇山和重簷攢尖三大類別。

無量佛殿兩側原有巴洛克式月亮門兩座，建於清乾隆年間，與圓明園之西洋樓同齡，皆為中西結合之產物。門上券頂雕刻繁複精美，帶有明顯的時代特徵和皇家特徵。

無量佛殿原供有無量壽銅佛，後已無存。佛壇上後置，原長椿寺內幾經磨難輾轉後，存於萬壽寺的一座十三層滲金多寶佛銅塔，乃北京地區罕見的

佛教珍品，塔身雕刻有兩百八十八尊佛像，全塔人物造像共四百四十尊，龍、獸類造像共四十尊，形態各異，精美絕倫。

萬壽寺寶塔

閣之前後，各有六角重簷御碑亭一座，內為公元一七六一年乾隆下詔所立之〈重修萬壽寺碑文〉，亭內碑高三點九六公尺，前亭碑刻漢、滿兩種文字，後亭碑刻蒙、梵兩種文字。碑文由清戶部尚書翁同龢奉敕敬書。翁同龢（公元一八三○年至一九○四年），字叔平、瓶生，號聲甫，晚號松禪、瓶庵居士。

公元一八五六年一甲一名進士，歷任戶部侍郎、都察院左都御史，刑部、工部、戶部尚書、軍機大臣兼總理各國事務衙門大臣，是當時著名的清流領袖，清光緒皇帝的老師。

殿與碑亭均覆以黃琉璃瓦，殿兩側有圓門錦宮牆，分隔庭院為前後兩院，前為假山院，後為三聖殿，二層硬山樓，面寬七間。

樓下三聖殿，原額書「法雲常住」。三聖殿南面聯曰：

「性海波澄，靜涵功德水；福林萌博，妙湧吉祥雲。」

三聖殿北面聯曰：

「甘露灑諸天，現清淨身，說平等法；慈航超彼岸，以自在力，顯大神通。」

萬壽寺無量壽佛殿

這些題額及楹聯均為清乾隆皇帝御書，可惜大部已無存。但樓旁設十景亭，為清代後期的雕刻藝術。

萬壽寺中西合璧門

　　最後第七進院是二層木結構的萬佛樓，也稱藏經樓，面寬七間，進深三間。萬佛樓內原供奉五尊坐佛，後已不存在。

　　在萬佛樓前，建有一座公元一八八四年光緒皇帝所立之碑亭，是為慶祝慈禧六十大壽所修，形制與清乾隆御碑亭相同。

　　萬佛樓西側配殿長生殿內，除一座金身玉觀音外，最獨特的就算一座「鳳上龍下」，慈禧親書的「壽」字石碑了，碑頂為雙鳳朝陽，碑身隨處可見鳳紋在上，龍紋在下。

　　萬壽寺東路為方丈院，除南向有門外，可由無量壽佛殿東之側門入，原有僧房、香積廚、齋堂、職事堂和榮堂（即接待室）等。香積廚是寺僧的齋堂，一般在大雄寶殿的右側。許多規模比較大的、歷史比較久遠的寺廟都有。據說維摩詰居士憑藉神通，到遙遠的香積佛國，向香積佛求來一缽香米飯，使不少人因香而悟道。自此，寺院就把廚房取名為香積廚，希望弟子們能夠因飯香而悟道。

　　西路是行宮部分，為清乾隆年間修建，靠前部分有四小院落，被中間夾道一分為二。左為壽膳房，右為壽茶房，其後是皇帝、太后駐蹕之行殿。行殿之後兩側有爬山遊廊，通過小亭到後樓。相傳，清末慈禧太后曾於此梳妝，故稱「梳妝樓」。院內房舍甚多，建築華麗。

再後有大悲殿及配殿，院中有一井亭，是專為皇帝講經之所。東路是方丈院。前部有大齋堂，大廚房及僧舍，中為齋堂、前宇、南房，齋堂之後為土山，最後是獨院。

清代時，皇室在宮內頤和園和西山遊幸時，皆在此停留休憩，燒香禮佛。慈禧太后去頤和園，必到萬壽寺拈香禮佛，在西跨院行宮喫茶，故萬壽寺有「京西小瀛台」之譽。

萬壽寺內布局嚴謹、錯落有致，既有嚴整的寺院風格，又帶有濃郁的園林色彩，融寺廟、行宮、園林渾然一體，顯示了中國古代建築藝術上的卓越成就。

按北京民俗，每年農曆四月初一起，要在萬壽寺舉行為期半個月的廟會，整個會期遊人雲集，熱鬧非凡。最初是每逢農曆四月初四至十五，在萬壽寺有半月的廟會，每年廟會期間，善男信女紛至沓來。

萬壽寺大延壽殿

在當時，北頂妙峰山的廟會與此同期，所以城內許多香客在朝妙峰山後，回香之時，都要繞道萬壽寺、西頂碧霞元君娘娘廟進香，以至留下了「萬壽寺山彎腰——頂上見」的北京地方歇後語，也就是指當年到萬壽寺趕廟會的

熟人相見後，互相拱手作揖打招呼，順路到西頂娘娘廟進香時，到那裡再說話之意。

萬壽寺後改闢為「北京藝術博物館」並對外開放，館內收藏各類古代藝術品五萬餘件，時代上起原始社會，下迄明清，尤以明清時期作品為佳。

藏品門類廣泛，主要包括歷代書法、繪畫、碑帖、名人書札、宮廷織繡、官窯瓷器、古代家具、歷代錢幣及璽印等，其他如青銅器、玉石器、竹木牙角器、佛造像、鼻煙壺等，不勝枚舉。除中國古代藝術品外，館內還收藏有齊白石、張大千、徐悲鴻等現代大師的傳世之作。

這些藏品無不體現著人類藝術文明的輝煌成就，再現了中華民族古今藝術的風采。

【閱讀連結】

中國佛教建築中，有許多名叫「萬壽寺」的寺院，除了北京萬壽寺外，還有河北隆化萬壽寺、湖南陽明山萬壽寺、浙江道場山萬壽寺、浙江徑山萬壽寺、四川樂至萬壽寺、福建福安賽岐萬壽寺、陝西漢中萬壽寺、福建羅源縣萬壽寺等。

寺廟菩薩像

　　這些分布於中國各地的「萬壽寺」，其建築風格各異，既有濃郁的地方特色，又有佛教建築的共性特徵，無不體現了古人的聰明才智，是古人的偉大創造，在中國建築史上具有重要的地位。

因果輪迴的善果寺

文殊菩薩塑像

善果寺座落在北京廣安門內廣義街東側，是一座歷史悠久、規模宏偉的建築，北京「外八刹」之一。始建於五代後梁乾化年間的公元八一一年，當時叫唐安寺，已有一千多年歷史。

經過幾百年之後，到明代時，唐安寺已經「廢弛歲遠，其址尚存」。公元一四六四年春，尚膳監太監陶榮捐資恢復，次第煥新，奏請寺額，明英宗朱祁鎮賜名為「善果寺」。

公元一五〇三年，明代內官監太監姚訓又在東西兩廊添設了羅漢堂，塑五百羅漢像，姚訓還將自己的像也塑了進去，後又撤掉，歷時兩載，於公元一五〇五年十月完工。

五百羅漢一般指佛釋迦去世後參加第一次經結集的五百比丘，以大迦葉和阿難為首。至於五百比丘的其他人，除知名的十大弟子外，一般沒有名號的記載。另有種種說法，印度古代慣用「五百」、「八萬四千」等來形容眾多的意思，和中國古人用「三」或「九」來表示多數很相像。

阿難又稱阿難陀，王舍城人，佛陀的堂弟，十九歲時就因聰慧過人，記憶力強成為佛陀的侍者。阿難侍奉佛陀二十七年，跟著佛陀到各地傳道。他是佛陀釋迦牟尼十大弟子中的一位，被稱為多聞第一。據說他繼承摩訶迦葉之後，成為僧團的領導者。

清王朝的第一個皇帝順治篤信佛教，曾多次邀請全國有道高僧進宮闡釋佛法，並且拜在高僧名下為徒，甚至還起了法號。

公元一六五九年七月，順治皇帝招天童老和尚進京。老和尚應召入京時，把弟子旅庵也帶到了順治皇帝的身邊，同另外一些入宮的和尚一起，為順治皇帝宣講佛法。

不久，天童老和尚還山，旅庵繼續留京。旅庵與順治皇帝十分投緣，成為順治皇帝極為信任的「朋友」。於是順治皇帝決定為旅庵選寺駐錫，讓他弘揚佛法。

古畫〈觀世音像〉

　　公元一六六〇年，順治皇帝駕臨善果寺。他看到寺內喬木森森，院宇宏敞，不禁嘆為京師第一勝地。於是，他選定善果寺為旅庵駐錫之所，而且還拿出五百金將善果寺整修一新，然後傳旨送旅庵入院。

　　旅庵自萬善殿謝恩，乘上御賜的御馬，出西華門，又乘肩輿至善果寺，慧善禪師、隆安和尚及五城僧錄司，皆奉旨恭送。旅庵大師此行轟動京城，一路上，道路兩側，擠滿一睹大師風采的百姓。

　　這一年的八月十七日，順治皇帝深愛的董鄂妃歿逝，順治皇帝悲痛萬分，於景山做大道場，旅庵率僧徒入壇禮誦。

寺廟菩薩佛像

　　董鄂妃去世後，順治皇帝一直鬱鬱寡歡，身體也每況愈下，但是他仍想到善果寺看望旅庵；待身體稍有起色，他就駕臨善果寺，兩人相見甚歡。

　　然而，就在兩人善果寺相見不久，公元一六六一年正月初七，順治皇帝就忽然駕崩了。孝莊太后下懿旨，召旅庵入乾清宮總理佛事。二月初一，順治皇帝的梓宮移至景山。

　　孝莊太后（公元一六一三年至一六八八年），博爾濟吉特氏，名布木布泰，清太宗愛新覺羅·皇太極之妃，順治帝愛新覺羅·福臨的生母，康熙帝愛新覺羅·玄燁的祖母。她是中國歷史上有名的皇太后和太皇太后，她一生培育輔佐順治、康熙兩代君主，是清初傑出的女政治家。

　　順治皇帝臨終前，曾對身邊的僧侶特別囑託，因為祖制是火葬，而且自己又信奉佛禪，所以希望火化。旅庵等僧人為順治皇帝舉行了火化儀式。其後，旅庵和尚就上書新帝乞假南歸，得到了批准。

　　旅庵去後，善果寺在清代康熙、雍正、乾隆年間多次重修。公元一六六二年，善果寺再次重修。

　　公元一六七二年初，康熙皇帝下旨大修善果寺，使寺院的規模更加宏偉。

　　公元一六七九年，由於京師突發大地震，善果寺受到嚴重破壞，後於公元一六八二年修復時，撤掉了塔院，在舊址改建大法堂。公元一七七五年，乾隆皇帝再次重修善果寺，使善果寺更加恢宏壯麗，氣勢不凡。

　　善果寺的前面有放生池，上架石橋。進山門後依次為天王殿、大雄寶殿、大士殿、大法堂，最後為藏經閣。

　　大士殿和大雄寶殿的殿內，屋頂均有龍頭藻井三座，體積龐大，鐫刻精良，是寺院建築的代表作。藻井又稱綺井、天井、方井、復海、斗八等，是中國建築中一種頂部裝飾手法。將建築物頂棚向上凹進如井狀，四壁飾有藻飾花紋，故而得名，目的是突出主體空間。藻井一般由多層斗栱組成，由下而上不斷收縮，形成下大頂小的倒置斗形，外層方形或多邊形，頂心一般圓形，稱為「明鏡」。

　　此外，大雄寶殿內，姿態逼真的十八羅漢塑像、藏經閣內的四十二臂觀世音像，都是塑造藝術中的精湛之作。當年，善果寺與北海小西天、朝外九天宮，並稱為「北京泥塑三絕」。

羅漢堂羅漢佛像

佛像雕塑

　　大法堂面積，相當於二十五間房大小，兩券勾連搭頂，是全寺最大的建築，內有八根巨大的龍抱柱，這在北京寺院中獨一無二。

　　另外還有東西配殿、配房六十餘間及鐘鼓二樓。東西配殿內，有泥塑大山，形態各異的五百羅漢坐臥其間，古剎、亭閣、寶塔、假山花木點綴各處，頗具仙境氣氛。山上還布滿了按照《山海經》、《萬鳥圖》等神話傳說，塑造的各種珍禽異獸。

《山海經》是中國先秦時期占籍。一般認為主要記述的是古代神話、地理、動物、植物、礦物、巫術、宗教、歷史、醫藥、民俗、民族等方面的內容。《山海經》記載了許多奇異的怪獸以及光怪陸離的神話故事，其中包括了一些海外遠古山川鳥獸，是一本具有文學價值的著作。

善果寺形制，清代唐晏的《天咫偶聞》有述：

「早年，善果寺每逢農曆六月初六有『晾經會』。是日，僧眾要舉行禮佛、誦經儀式，所以又稱為『晾經法會』。如天氣晴朗，僧眾們就把所有經典從藏經樓搬出，一一平鋪在院裡的早已擺放好的條案上，將經書打開，用經撥子支起，使之通風見光，以便防潮濕、蟲蛀。所有袈裟、僧衣、僧帽亦搭掛在院內一併晾晒。」

在當時，城南的居民每到六月初六這天，除了去護城河看洗象，就是到善果寺看晾經，故廟前形成臨時集市，有舍經書、「善書」的，有舍「冰水」、暑藥的，有售賣香燭及各種吉祥物的。集市上「士女雲集，駢闐竟日」。但進廟燒香參觀者僅限於男人，不接待婦女入廟。

北京善果寺在這一天不僅開辦晾經法會，還有數羅漢活動，以占卜吉凶。後來經書佚散減少，至晚清時已無經可晾，僅循舊例開放一天而已。

早年間，善果寺還流傳著一段神祕的傳說：

從前，寺內曾隱居兩隻仙蝶，在清明至中秋之間，每當夕陽西下的時候，仙蝶便翩翩起舞，滿院飛翔，並不避人。如果遊人以手招呼，口喊「老道」，仙蝶立即聞聲飛來，隨手起落飛舞，情意纏綿，不忍離去。人們附會它是梁山伯與祝英台的化身。

據說在當時寺內還保存有清乾隆帝的序文，和御製詩文的仿宋版《蝶仙小史》一冊，後被人借去未還，下落不明。

【閱讀連結】

公元一九〇〇年夏，「八國聯軍」入侵北京，善果寺遭到嚴重破壞，佛像、文物盡被侵略軍搗毀、掠去，無一倖存。民國時，善果寺已頹廢敗落。

公元一九四九年以後，這一帶進行大規模城市建設，善果寺被徵用，僧人四散。公元一九九三年山門也被拆掉，舊址上建造了居民住宅樓。至此，名剎善果寺已蕩然無存，除了前邊一條被命名為善果胡同的地名外，別無遺跡可覓。

▍千年滄桑的天寧寺

天寧寺位於北京廣安門外北面，初建於五世紀末北魏孝文帝延興年間，原名「光林寺」。

隋代仁壽年間，隋文帝改光林寺名為「弘業寺」。傳說佛教創始人釋迦牟尼入涅後，其弟子為在中原傳播佛教，將一包釋迦牟尼佛真身舍利獻給隋文帝，隋文帝隨即頒旨在中原三十州各建一塔祕藏，法門寺、天寧寺均為其中之一。唐玄宗開元時，弘業寺重建，改名「天王寺」。

到了遼朝建都北京時，天祚帝在公元一一一九年至一一二〇年在寺廟後院添建天王寺舍利塔，此塔的建築師是寇世英、寇世興。當時外省到京做官或做生意的人，都要先到天寧寺拜佛求平安。建塔歷時十個月。

主持建塔者，是天祚帝的叔叔耶律淳，他在公元一一二二年稱帝，號天錫皇帝；但僅三個月耶律淳就去世了，這座塔也就成了這個短命王朝的唯一紀念。

天寧寺古塔

天寧寺大殿

　　金代遼後，將天王寺改名為「大萬安寺」；但在元末時，大萬安寺毀於大火，只剩下了一座孤塔。

　　從明代畫家王紱〈遊天寧寺〉一詩中可以看出，元末明初該寺院的荒涼景象。詩云：

　　「古寺尋幽竟夕暉，敗垣芳草路依微。鳥啼空院僧何在？樹老閒庭鶴自尋。」

　　王紱（公元一三六二年至一四一六年）是明初大畫家。紱，一作芾，又作黻。字孟端，後以字行。號友石，別號鰲里、又號九龍山人、青城山人。少為弟子員，明永樂初以善畫供事文淵閣，拜中書舍人。博學，工詩，擅畫，能書，寫山木竹石，妙絕一時。

　　明永樂年間，明成祖於公元一四〇三年下旨重修廟宇。到了公元一四五五年，明宣德皇帝改稱「天寧寺」。此後，在明正統年間又曾改名為「廣善戒壇」，但其後又恢復了天寧寺的名稱。

清初時，天寧寺的塔頂坍塌，康熙帝曾下旨重修。其後，乾隆皇帝在公元一七四七年和一七八三年兩次修復天寧寺。乾隆皇帝還御筆讚美寺中古塔。

天寧寺過去的規模宏大，分中路、東、西三路，後世僅存中路。中路有山門殿即韋馱殿，山門前有高大古槐兩株。山門上書「敕建天寧寺」，山門殿內，前供彌勒佛，後站持杵韋馱。

山門殿後為前院。前院正北為寺的主殿接引大殿，殿門上書「接引殿」，門前有一副對聯：

「金界莊嚴，鈴語鐘聲流靜梵；運台馥靄，香雲寶相現慈因。」

天寧寺古建築

大殿面寬五間，進深三間。內供接引佛，寓意接引眾信徒進入佛門廣結佛緣。大殿前有碑刻數方，其中有乾隆年間重修天寧寺碑。

接引殿前，過去有大殿釋迦殿，接引殿後為舍利塔院，高大的舍利塔矗立在院中。

天寧寺塔為八角十三層密簷式通體實心磚塔。全塔總高五十七點八公尺。是唐代風格的典型作品。

當初隋文帝將供奉的佛舍利分別在中原二十州各建一塔祕藏，公元六○二年佛舍利入天寧寺塔。有史書記載天寧寺石函下葬情況：

「隋仁壽二年，三月二十六日，石函始磨，兩面以水洗之，明如水鏡，內外相通，紫光焰起，其石斑駁，又類瑪瑙，潤澤炫耀光似琉璃。至四月二日起齋行道，至三日起慶時，舍利前佛香供養。燈光焰庭，眾星夜朗，有素光舒捲在佛與之上，至八日舍利入函。」

天寧寺寶塔

初建時的塔為木塔，有台階可上，後寺院毀於兵燹，只餘孤塔，遼代改建成八角十三層密簷式實心磚塔，塔身高五十七點八公尺，史載「其中無階級可上，蓋專以安佛舍利，非登覽之地也」。

塔建於一個方形磚砌的大平台上，塔的平面是八角形的，立面顯著地分為塔座、塔身和十三層塔簷三部分。

塔的最下部是須彌座，有壺門浮雕一道，須彌座上面是具有斗栱勾欄的平座和三層仰蓮瓣，承以塔身。蓮瓣初建時是用鐵製，可以注油燃燈，清代重修後才改成磚塔。由須彌座、平座、蓮瓣三層組成的塔座承托著高高的塔身，厚實且穩重。

須彌座又名「金剛座」、「須彌壇」，由佛座演變而來，形體複雜。一般用於高級建築。開始形式簡單，由數道直線疊澀與較高束腰組成，沒有多少須彌座裝飾，且對稱布置。後來逐漸出現了蓮瓣、卷紋飾、力神、角柱、間柱等，造型日益複雜。

蓮座之上的十三層密簷輪廓線，呈現豐滿有力的「卷殺」。每層繫綴風鈴，每逢風起，鈴聲鏗鏘。據《京城古蹟考》載：「原塔簷上懸『有鈴兩千九百二十八枚，合計重一萬零四百九十二斤』。」

塔身上部由斗栱挑出層層密簷，斗栱的轉角斗栱及兩角之間的斗栱均為斜栱的形式，保留著典型的遼金時代的建築風格。

下部四面設半圓形券門，門兩旁高浮雕金剛力士、菩薩、天部，磚柱上浮雕升降龍。所有雕飾，造型優美生動，又具有濃厚的宗教色彩。金剛力士在佛教中叫那羅延，乃具有大力之印度古神，有著悠久的歷史與傳說。在中國古代的傳說中是守護四極的天神，女媧補天後，天地為了不讓四極折斷，派了四名金剛力士守衛，所以才把天給保住了，世稱「四大金剛」。

天寧寺塔造型秀美端莊，挺拔穩重。特別是八角形的平面近似圓形，易於減小對風的阻力。雖然歷經

天寧寺塔

八百多年的歷史，且處於北京地區春秋兩季風的影響之下，仍然完好無損，為遼代磚塔的代表。

遼代時，每月初八點燃三百六十盞燈，映襯著浮雕金剛力士、菩薩、天部，全塔三千四百個風鈴齊鳴。當時北京可沒有什麼高樓，北京故宮太和殿的高度也不過是三十點五公尺，天寧寺塔絕對是當年北京的標誌性建築。

天寧寺塔局部

明清時期，天寧寺塔的一種神祕現象「梵宮塔影」，被列入當時京城「宛平八景」之一。《天府廣記》中稱：每天中午，天寧寺大士殿中門即使關閉，太陽光也能從門縫照進去，而此時，天寧寺塔的全部塔影恰好映在其中，殿內會出現數十個塔的倒影。

據《帝京景物略》稱：

為舍利珠影也，珠光上聚，報入塔影，影入隙光，光則倒受。倒者，光中塔影，非此塔景也。佛光，日也，舍利珠光，月也，光色青白，每見，以夜及晦及雨也。佛光恆在，人目體陰，避光日中，見影門隙。

寺內僧人曾傳說，天寧寺塔的飾物聲音高了，塔身就會出現光色。這種情景有時一年一見，有時數年一見。

明朝嘉靖年間某年三月二十八日晚，詩人王世貞恰好借住寺中。入夜，微雨瀟瀟，塔上飾物響聲高了，只見塔身發出青白色的光焰，上下閃爍，到了天亮才消失。

　　這座塔歷經數百年的風霜雨雪的考驗，依舊完整美麗，實為北京最珍貴的建築藝術遺物之一。清王士禎〈天寧寺觀浮圖〉詩贊云：

　　「千載隋皇塔，嵯峨俯舊京。相輪雲外見，蛛網日邊明。」

　　歷史上曾經記載，春節時皇帝率領百官到天寧寺燃燈供佛，祈求一年風調雨順、國泰民安。每月初八點燃三百六十盞燈。百姓聚眾觀燈，祈禱吉祥。全塔共懸掛風鈴三千四百個，風作時鈴齊鳴，彷彿編鐘的聲音一樣悠遠。有古詩為證：

　　「燈明三百六十點，最好天寧雲外塔。風撼三千四百鈴，恨無梯級上青冥。」

天寧寺的僧侶

　　舍利塔院寬闊，東、西亦有配殿，東為藥師殿，西為彌陀殿。

　　塔院後為清幽的四合院「蘭若院」。「」是一個非常女性的名字，據說天寧寺早年曾是一座庵，而且釋迦牟尼、文殊菩薩等等廟內供奉佛像與其他寺廟有所不同，這裡的佛像都有著女性一般的面孔。

在清代，天寧寺中「設有花肆，尤以桂花、秋菊為有名」，此外還有牡丹和芍藥等花，每到春秋兩季京城中人紛紛攜酒前去賞花野眺，文人騷客前去訪古探幽，留下不少詩篇。寺中還常有賣鼻煙的，遊人多要買些回去贈送親友，故有「天寧寺聞鼻煙」的俗語。

【閱讀連結】

天寧寺塔初建時為木塔，後遼代改建成實心磚塔。雖然塔身實心不設置樓梯，不能登塔眺望，似乎是專門用來安放佛舍利的。但是隨著遼王朝的滅亡，天寧寺塔下是否有安放佛舍利的地宮，便成為天寧寺頭號之謎。在重修天寧寺過程中，於接引殿東側金剛磚下發現一口倒扣的大缸。大缸被慎重地出土，缸內卻空無一物，缸壁上確有大小兩個規則的圓洞。

大缸是做什麼用的？大缸是什麼時代，什麼人埋的？為什麼要埋在大殿金剛磚下？

這一系列的問題，引起了人們激烈的爭論，莫衷一是，也使天寧寺更加神祕。

淨土真宗的圓廣寺

圓廣寺位於北京阜成門外，元代時阜成門稱為平則門。據明萬曆年間的〈敕賜重修圓廣寺〉記載，圓廣寺應該建於元代，文中說：

「隆慶五年，特允先任司禮監太監孟公沖之奏於京都阜成門外西去三里許係順天府宛平縣，原有敕賜圓廣寺一區，乃先朝古剎。」

這裡的「先朝」應該是元代。碑文還記載了圓廣寺由於歲久荒廢，僅存基址，於是在明正統年間的公元一四四一年重修過。

寺廟佛像

公元一五七一年，明穆宗朱載厚發內帑，命孟沖重新修建圓廣寺，但還沒開始建造，孟沖就辭職離任了。於是明穆宗和皇太后頒御前銀兩千兩，命司禮監監事馮公負責此事。

司禮是監官署名，是明代內廷特有的建置，居內務府「十二監」之首，「二十四衙門」之一。有提督、掌印、秉筆、隨堂等太監。提督太監掌督理皇城內一切禮儀，自明武宗時宦官劉瑾專權以後，司禮監遂專掌機密，批閱奏章，實權在內閣首輔之上。

寺廟佛像

　　建成後的圓廣寺規制坐北向南，前起山門、中門、金剛殿、鐘鼓樓、正殿、左右配殿、後殿、方丈、廚庫等悉數具備。

　　馮公用盡御前銀後，又捐了九百兩俸銀，用三百兩購買了圓廣寺附近的一千零三十八畦土地，以供寺廟常住之用。同時延請伏牛山僧人慧朝擔任住持。

　　後來，由於經營不善，這一千多畦土地為棍徒騙賣，以致寺院荒涼。

　　到了明萬曆年間，宣府巡撫、遼東巡撫、鴻臚寺左少卿等人不忍寺廟凋敝，於公元一六一三年各捐奉銀八十兩，把原來屬於圓廣寺的土地贖回，並交與住持祖印管理，又恐重蹈覆轍，遂立碑規定「如有盜賣盜典等情，許諸人揭告懲治」。

　　明清時期，圓廣寺由於處於京師，與皇室一直保持著聯繫。尤其是清同治時，公元一八六二年，圓廣寺住持慶然和尚結交朝廷的王公大臣，不久又透過結識下斜街魁宅而接近了慈禧太后。

　　每逢慶然奉召進宮，都會受到慈禧太后的特殊禮遇，因當時宮裡太監都稱慈禧太后為老佛爺，故慶然和尚也被稱為慶佛爺。

寺廟佛像

　　慶然和尚由於慈禧太后的恩遇，受到王公大臣們的推崇，四方布施源源而來，遂把圓廣寺原本頹廢不堪的古刹恢復了原來的面貌。寺院附近，置有大面積的土地和菜園。對外應酬佛事，寺內為事主停放靈柩。慶然和尚圓寂後，由慈慧和尚接任住持。

　　住持是佛教僧職，又稱方丈、住職。原為久住護持佛法之意，是掌管一個寺院的主僧。據說佛教傳入中國後的幾百年間只有師徒之間以佛法相授受，

並無住持一職，直到唐代，禪宗興盛，門徒日眾，百丈懷海禪僧始立住持制度，以維持寺院秩序。

清代圓廣寺坐北朝南，山門二間，硬山箍頭脊筒瓦頂，石砌券門，通面寬七點四公尺，通進深七點九公尺。大殿三間，硬山調大脊筒瓦頂，排山勾滴。一斗三升斗栱。通面寬十五點四公尺。通進深十三點二公尺。原寺規模較大，當時有殿宇上百間。

據《北平寺廟》記載：

「圓廣寺座落西郊第一分署阜成門外南營房一百二十號，明萬曆年募建。本廟面積約有二十餘畝，房屋一百二十間……廟內法物有泥金剛像兩尊，木彌勒菩薩一尊，泥四大天王四尊，木韋馱像一尊，木釋迦佛一尊，泥阿難迦葉二尊，泥羅漢十八尊，泥觀音、普賢、文殊菩薩三尊，木阿彌陀佛一尊，木大悲菩薩一尊……另有石碑三座，槐樹四株，楸樹四株。」

根據《中興淨宗印光法師行業記》記載，淨土宗第十三代祖師印光法師於公元一八八五年曾在圓廣寺掛單，並自公元一八九一年從北京龍泉寺到圓廣寺暫住，直到公元一八九三年去普陀山法雨寺，在圓廣寺住了兩年之久。

印光法師（公元一八六一年至一九四〇年），法諱聖量，自署常慚愧僧，俗姓趙。他是淨土宗第十三代祖師，為中國佛教復興做出顯著貢獻，常被尊稱為印光大師。他與高僧虛雲、太虛、諦閒等大師均為好友，弘一大師更是拜其為師，在後世淨土宗信眾中的地位無人能及。

印光法師在《印光法師文鈔》的《復張覺明女居士書八》中，說了自己親身經歷的故事：

公元一八八五年的一天，印光法師同一僧從西直門外向圓廣寺走。有一個十五六歲的小乞兒，看不出有飢餓的樣子，只跟在兩位出家人後面要錢。印光法師幾次同他說念一句南無阿彌陀佛，就給一文錢，但乞兒終是不肯念，以至於最後哇哇大哭起來。無奈之下，印光法師給他一文錢而去。

寺廟佛像

　　印光法師在文中說：「這乞兒實在是沒有善根，即便是為了騙錢也不肯念。如果能發善心念，即能得大利益；即使為了騙錢念佛，也是為將來種下善根。」

寺廟佛像

　　大殿前面，當年也曾有四棵古樹，還有烏龜馱著的好幾塊石碑，後來古樹被砍了，石碑也不知道哪裡去了。

　　圓廣寺在清末曾廣開戒壇，對外應酬佛事，成為停靈暫厝的寺廟之一。有一年冬天，圓廣寺從農曆十月十五至臘月初八，連續舉行歷時五十三天的開壇傳授三壇大戒活動，由圓廣寺住持明遠主持。這次傳戒活動，分為沙彌戒的戒期為十八天，比丘戒、菩薩戒的戒期各為十七天。

　　求戒者需先由其出家寺廟派人去圓廣寺「送戒」，並自備衣缽費及香燈銀十元。圓廣寺亦張貼文告，以化眾緣。信眾供養受戒者全部吃喝用度的稱為「齋襯」，供養菜食的稱為「菜齋」，供養糖水、鮮薑的名為「水齋」。求戒者於半月前來至寺院報到，因還未傳戒，故住於「新戒外堂」，就是在寺院外搭設之席棚，並由「外堂引禮」負責管理。

　　每年十月十五日戒期開始，圓廣寺外堂引禮帶領求戒者魚貫而入內堂，並由內堂僧人接管。總負責者有正副兩位，正者稱為「頭單開堂和尚」，副者稱為「二單開堂和尚」。此外，請其他寺院僧人擔任的職務還有：羯磨、教授、尊證、授經、西堂、座元、正訓等。本寺住持、督監、代傳、監院、糾察、維那等亦擔任相應執事。

圓廣寺後世僅存一座大殿，是面寬三間的歇山式殿堂。大殿前後尚存有歷史久遠的幾棵古槐樹和楸樹，彷彿證明著圓廣寺曾經擁有過的盛衰榮辱。

其中一棵槐樹巨大，樹齡在五百年以上，樹幹很粗，樹冠茂盛，槐樹頂端的樹梢比三層樓房還要高，樹幹周長約三點九公尺，兩人不能合抱。臨近街道這面的樹幹早已沒有了樹皮，顯露著斑駁的樹骨，遠望如老壽星袒露在胸腹前飄拂的銀髯一般，背向街道那面的樹幹上有一人高的空洞。

這棵古槐歷經改朝換代的風風雨雨，見證了圓廣寺的滄桑巨變，雖然老態龍鍾，卻仍然枝繁葉茂，新芽層出不窮。遙想早年間，曾有多少代古人在樹下吟詩作詞，在樹下談古論今，在樹下乘涼避暑。

【閱讀連結】

明清時期，圓廣寺求戒者住在圓廣寺雲水堂，若住不下，分住於鼓樓及臨時所搭的席棚。女眾「安單」不住席棚，住於寺內群房。居士則隨其意願，可不住寺內。在傳戒期間，求戒者只留一條被子，其餘衣物交庫房收管，期滿離寺時再領回。

沙彌戒戒期十八天，比丘戒、菩薩戒戒期各十七天。在沙彌戒戒期中，求戒者每天學背沙彌十戒，學習「過齋堂」等佛事科目。若遇違犯，則會受到引禮、糾察之責罰。最後一日，全體求戒者到「塔院」掃塔，後回戒堂聽開堂和尚訓話，隨即「散戒牒」。

▌南觀音寺與海慧寺

南觀音寺位於北京宣武區手帕口南街，原名大悲觀音寺，俗稱南觀音寺，又名海會禪林。

寺廟佛像

　　南觀音寺興建於金代，是一座占地廣、建築寬敞的廟宇。明成化年間，朝廷下令重修南觀音寺。明初，南觀音寺附近為皇宮內府的御菜園，寺內設嘉蔬署掌管御菜園一百一十八多頃地。

觀音菩薩像

　　清代時，康熙、乾隆等皇帝均對寺廟有封賜，康熙皇帝曾多次親臨該寺。

公元一六八四年農曆八月十五，南觀音寺舉行達摩祖師聖誕大法會，南觀音寺前佛旗獵獵、人山人海、絡繹不絕，一派節日的氣氛。

康熙皇帝聽說這位高僧是當代活佛，道法精深，決定與這位活佛見上一面，所以君臣一行，輕騎便服來到觀音寺。但見牌樓高聳，山門巍峨，石獅雄踞，金剛猙獰；層層寶殿，緗瓦朱甍；清風徐來，風鐸悅耳；蒼松籠煙，菊花怒放。一見之下，心曠神怡。

就在這時，有一個小沙彌來到康熙皇帝面前，口誦「阿彌陀佛」，送上一張紙條。康熙皇帝展開，但見上面是一首偈語：

「佛見佛龍天謁喜，佛光瑞見雲霄裡；國運昌隆見盛世，真龍見面佛留跡。」

康熙皇帝見偈語評說太平盛世出現，真龍天子臨國，就將隨身玉扇一把贈與方丈，請小沙彌轉交。國泰民安，康熙帝自然放心，於是，君臣一行悄然離開了南觀音寺。

後來，南觀音寺每年農曆四月十八日都要舉行盛大的廟會，當時香火很盛，後遂有「觀音寺街」之名。南觀音寺於是成為北京「外八剎」之一。

明清時的北京南觀音寺，規模宏大，從山門、天王殿到大雄寶殿，每座大殿裡都是雕塑精美的金剛、羅漢、佛像和菩薩像。

由南而北，寺院的第一處殿宇是金剛殿。金剛內有哼、哈二

寺院和尚誦經

將把門，殿門外有一棵古柏，樹冠蒼翠茂密，就像一把撐開的綠絨大傘。

由金剛殿往北是觀音閣。觀音閣分為上下兩層，下層是一道圓形拱門，在拱門上方石頭上刻有「觀音閣」三字。

從左前方沿台階而上，來到上層有一平台，平台的北面是觀音閣的上層，裡面有南海觀世音菩薩塑像，觀音像的右邊是文殊，左邊是普賢。與觀音隔牆同坐的是白衣觀音，站在其右邊的是壽先，左邊的是魚蓮。

在觀音閣的東西兩邊各塑有六位美麗的女子，閣內塑像栩栩如生。穿過觀音閣，面前是一平院，在觀音閣的左前方生長著兩棵銀杏樹。

寺廟佛像

後牆和東牆外側的上方，鑲嵌著三個小佛龕，供奉著金黃色的佛像。殿的前方有一火池。平院的東面為伽藍殿，裡面塑有關公的坐像，在關公的左右立著周倉和關平的塑像，威風凜凜。

東殿的左前方曾有一棵國槐，遮天蔽日，樹幹需四人才能合抱過來。後來山門與鐘鼓樓被拆，僅存大殿和古樹。每逢農曆的初一、十五，仍然有人來上香朝拜。

　　據《北京寺廟歷史資料》中的描述：

　　「南觀音寺……建於明萬曆年……房屋殿堂四十八間，群房三十二間，鐘鼓樓二座；廟內法物有銅加金像一尊，銅像七尊，木像六尊，泥像二十七尊，鐵寶鼎一座，錫五供二十件，大銅鐘一口，小銅鐘兩口，銅磬兩個，大小鼓個一面，殘藏經一部，石獅子一對，另有石碑六座，康熙御筆匾一塊。」

　　中國歷來把石獅子視為吉祥之物，在中國眾多的園林名勝中，各種造型的石獅子隨處可見。古代的官衙廟堂、豪門巨宅大門前，都擺放一對石獅子用以鎮宅護衛。在中國的文化中，獅子更多的是作為一種神話動物，而不是現實動物，和麒麟一起成為中國的靈獸。

　　清光緒年間，南觀音寺住持昱明法師，號靜心山人，精書法，曾書〈正定隆興寺意定和尚功德碑〉、〈重整玉皇頂靜福寺碑記〉等。公元一八六五年十月，為慈禧太后六十歲生日，昱明作為四十八位高僧大德之寺廟住持之一，曾於萬壽寺排班唪經三日，以示祝賀。

　　昱明法師曾經手書「可以清心也」回文聯，長四尺，裝以綾裱，手繪八寶底紋蠟籤，品像如圖，的確是南觀音寺所出的古代珍品。

　　海慧寺位於北京木樨園南，明世宗嘉靖年間的公元一五三三年創建，也是北京「外八剎」之一，最初有房屋七十餘間，大殿三重。

　　據說明神宗出生時，照例尋替身出家，海慧寺便成為祭天地的地方。張居正為此還題寫了〈重修海慧寺碑〉。

　　海慧寺在數百年的歲月變幻中，早已廢棄，其寺址一度成為橡膠廠。一九九〇年代，海慧寺尚餘正殿三間，後殿五間，西配殿兩間，老人們曾見過一殿一銅像。

【閱讀連結】

清光緒年間，南觀音寺住持昱明法師的手書「可以清心也」回文聯，常常被刻在茶壺蓋上。繞著圈讀，有五種讀法：可以清心也；以清心也可；清心也可以；心也可以清；也可以清心。頗具欣賞價值。

佛家講「禪茶一味」，類似的還有回文詩，如宋代詩人蘇東坡有兩首回文七絕，其一是：「空花落盡酒傾缸，日上山融雪漲江；紅焙淺甌新火活，龍團小碾斗晴窗。」其二是：「酡顏玉碗捧纖纖，亂點餘光唾碧衫；歌咽水凝雲靜院，夢驚松雪落空岩。」若倒讀，也能讀出兩首韻味獨具的茶詩來。

靈山聖地——北京三山寶剎

老北京俗稱「三步一廟，七步一寺」，據《北平廟宇通檢》載，北京舊城內和近郊區有佛寺八百四十多處，但最著名的十九座寺廟，就是「八剎三山」了，在「八剎三山」中，「三山」指的是潭柘寺、戒台寺和雲居寺。

潭柘寺地處北京門頭溝東南部潭柘山麓，建於西晉；戒台寺位於北京門頭溝馬鞍山麓，建於隋開皇年間；雲居寺位於北京房山白帶山西南麓，建於隋大業年間。這三座寺廟很早就是北方佛教聖地，有著悠久的歷史文化和大量的文物古蹟。

▌潭柘山麓的潭柘寺

潭柘寺，位於北京西部門頭溝區東南部的潭柘山麓，始建於西晉時期的公元三〇七年，是北京最古老的古寺。

京城寶剎：北京內外八剎與三山
靈山聖地——北京三山寶剎

潭柘寺牌坊

潭柘寺建寺之初，規模不大，名叫嘉福寺。當時佛教還未能被民間所接受，因而發展緩慢，後來竟然逐漸破敗。

潭柘寺牌坊

唐代武則天執政時期，佛教華嚴宗高僧華嚴和尚來幽州開山建寺，「持《華嚴經》以為淨業」，潭柘寺就成為了幽州地區第一座確定了宗派的寺院。

130

關於「潭柘寺」的寺名，還有這樣一個傳說：

當年佛教華嚴宗高僧華嚴和尚居，住在幽州城北，「其所誦時，一城皆聞之，如在庭廡之下」。很多信徒踴躍捐助，助其在幽州開山立宗。所以，華嚴祖師就去找當時的幽州都督張仁願，向其求建寺之地。

張仁願（？至公元七一四年），原名仁亶，唐朝宰相、名將。文武全才，曾任殿中侍御史，後任肅政台中丞，檢校幽州都督，兼任並州大都督府長史。唐中宗繼位後，他授左屯衛大將軍、檢校洛州長史，但不久又被任命為朔方軍大總管，沿黃河北岸修築三座受降城，向北拓地三百餘里。

張仁願對華嚴祖師說：「和尚想要多少土地，地址可曾選好？」

華嚴祖師就帶著張仁願，來到了潭柘山嘉福寺附近西坡姜家和東溝劉家的土地。張仁願對華嚴祖師說：「這是有主之地，我也不好擅自做主。這樣吧，我把姜姓和劉姓地主一起叫來協商。」

姜、劉兩位本不想給，但看在張仁願的面子上，對華嚴祖師說：「和尚想要多少土地？不可太多，太多的話我們以後就沒有飯吃了。」

潭柘寺觀音洞

華嚴祖師知其俱是當地數一數二的大地主，便取出自己的毯子對二人道：「不多不多，兩位施主可否割這一毯之地與我？」

姜姓和劉姓地主一看只有鍋蓋大的一塊毯子，忙不迭地答應，並且請張仁願做中人。

華嚴祖師見張仁願答應了做中人，就把手中布毯往空中一拋，只見布毯在空中越來越大，且遲遲不落地。嚇得眾人目瞪口呆。

不一會，布毯已經大到遮天蔽日，兩地主面如土色地喊：「夠了，夠了！請大師慈悲，不要讓它再大了！」

華嚴祖師含笑看了二人一眼，說了一聲：「落！」於是毯子就落了下來，直直蓋住了好幾座大山。

張仁願對兩人道：「這一毯之地就讓與華嚴大師，二位可不要反悔。」

二人一看真佛在此，哪敢反悔。於是華嚴祖師就在此地以破敗了的嘉福寺為中心，修築殿宇，擴建寺院。

在當時，寺院後山有兩股豐盛的泉水，一眼名為龍泉，一眼名為泓泉，兩股泉水在後山的龍潭合流後，流經寺院，向南流去，不僅滿足了寺院日常的生活用水，而且還能灌溉附近大片的土地農田。因此，華嚴祖師命名此寺為「龍泉寺」。

華嚴祖師以一毯之地建寺的大神通卻廣為流傳，當地人都私下稱此寺為「毯遮寺」；後經千年，「毯遮寺」就逐漸演變為「潭柘寺」。

唐代會昌年間，唐武宗李炎崇信道教，潭柘寺也因此而再度荒廢。

五代後唐時期，著名的禪宗高僧從實禪師來到了潭柘寺，剷除荒夷，整修寺院，才使潭柘寺重新繁盛，「師與其徒千人講法，潭柘宗風大振」。當時的潭柘寺也從此由華嚴宗改為禪宗。

從實禪師是中國後唐時期最著名的僧人，他曾在幽州城內的大萬壽寺以及潭柘寺內弘揚佛法。據公元一五一一年謝遷的〈重修嘉福寺碑記〉中記載，

後唐時有從實禪師和他的弟子約一千人在此地講法，後來圓寂後，被尊為華嚴祖堂。

潭柘寺千年古樹

遼代時期，由於幽州地區律宗大盛，禪宗則發展緩慢，潭柘寺的香火衰微。到了金代，禪宗在中都地區有了很大的發展，潭柘寺先後出現了數位禪宗大師，大大提高了寺院的聲譽。

公元一一四一年，金熙宗完顏亶到潭柘寺進香禮佛，這是第一位到潭柘寺進香的皇帝，亦使後代皇帝爭相效仿。這對於進一步提高潭柘寺的地位，繁盛寺院香火，造成了極大的推動作用。

金熙宗將當時的寺名龍泉寺改為「大萬壽寺」，撥款對潭柘寺進行了大規模的整修和擴建，開創了皇帝為潭柘寺賜名和由朝廷出資整修的先河。

金大定年間，皇太子完顏允恭代表其父金世宗完顏雍到潭柘寺進香禮佛，當時的住持僧重玉禪師為此特寫下了〈從顯宗皇帝幸龍泉寺應制詩〉，記述了當時的盛況。後於公元一一九四年鐫刻成碑，立於寺中，鑲嵌在金剛延壽塔後邊地階的崖壁上。其詩寫道：

「一林黃葉萬山秋，鑾杖參陪結勝遊。怪石闌珊蹲玉虎，老松盤曲臥蒼虯。

俯臨絕壑安禪室，迅落危崖洩瀑流。可笑紅塵奔走者，幾人於此暫心休。」

觀音求子洞

　　從詩碑的內容上看，當時的潭柘寺已經相當繁盛，自然景色十分優美。詩碑為研究潭柘寺在金代的狀況，提供了寶貴的文字資料和實物佐證。這塊詩碑是潭柘寺的寶貴文物，而且非常有名，史稱「金代詩碣」。清代編寫的《潭柘山岫雲寺志》中也記載了這首詩，名為〈從顯宗幸潭柘〉，文字上也略有不同。

　　在金代，潭柘寺禪學昌盛，其代表人物是臨濟宗大師廣慧通理禪師開性。開性是北京懷柔縣人，九歲時在潭柘寺出家，拜戒振禪師為師，學習禪宗中臨濟宗佛學。後來雲遊遼東和齊魯等地，遍訪名山古剎，向各地高僧學習佛法，歸來後在馬鞍山竹林寺弘揚禪學。

潭柘寺千佛殿佛像

　　大定初年，潭柘寺的善海禪師帶領僧眾來到竹林寺，恭請開性回潭柘地任住持。開性任住持期間，在朝廷的資助下，對潭柘寺進行了長達十一年的大規模整修和擴建，使潭柘寺的殿宇堂舍煥然一新。

　　潭柘寺的禪學從此中興，開性也成了金中都地區公認的禪宗臨濟宗的領袖，使潭柘寺成為了臨濟宗的中心寺院。開性終老於寺中，圓寂後被佛門尊為「廣慧通理」禪師。

　　臨濟宗禪是宗南宗的五個主要流派之一，自洪州宗門下分出，始於臨濟義玄大師。義玄從黃蘗希運禪師學法三十三年，廣為弘揚希運禪師所倡啟「般若為本、以空攝有、空有相融」的禪宗新法。這種禪宗新法因義玄在臨濟院舉一家宗風，而大張天下，後世遂稱之為「臨濟宗」。

　　到了元代，元世祖忽必烈的女兒妙嚴公主到潭柘寺出家，她每日裡在觀音殿內跪拜誦經，「禮懺觀音」，年深日久，竟把殿內的一塊鋪地方磚磨出了兩個深深的腳窩，寺僧稱之為「拜磚」。明孝定皇太后曾將此磚鑲嵌在一個花梨木匣內迎入大內，後送歸潭柘寺，供奉在潭柘寺的觀音殿內，成為鎮寺之寶。

潭柘寺塔林

　　妙嚴大師終老於寺中，其墓塔在寺前的下塔院，是一座磚體僧塔，塔銘「妙嚴大師之塔」，塔為磚砌六面棱柱實體，五層重簷，高約十八公尺，因墓塔曾被盜，幾近傾倒，後在塔北建一磚堆，扶正了此塔，這座塔也是潭柘寺中唯一的元代建築物。

　　元代末期的元順帝孛兒只斤·妥懽帖睦爾崇信佛教，特別是對當時名貫京城的潭柘寺極為青睞，元順帝曾請潭柘寺住持雪澗禪師享用御宴，並且由皇妹親自下廚，禮遇之高前所未有。

明初時，重臣姚廣孝法號道衍，被明太祖朱元璋挑選為高僧，從侍燕王朱棣。朱棣繼皇帝位後，封姚廣孝為僧錄司左善世，慶壽寺欽命住持，後又加封為太子少師，賜名「廣孝」，仍參與軍政大事。

　　姚廣孝功成名就之後，辭官不做，而是到京西的潭柘寺隱居修行，每日裡與自己的老友、潭柘寺住持無初德始禪師探討佛理。在這期間，明成祖朱棣曾到潭柘寺看望過他。

　　關於潭柘寺，在北京有一句流傳很久的話，叫「先有潭柘寺，後有幽州城」，幽州就是古時候的北京，所以後來北京改名，這句話就變成了「先有潭柘寺，後有北京城」。

　　據說當年明成祖修建北京城時，設計師就是姚廣孝。姚廣孝從潭柘寺的建築和布局中獲得了不少靈感。北京城的許多地方都是依照潭柘寺的樣子修建的，太和殿就是仿照潭柘寺的大雄寶殿而建的，同為重簷廡殿頂，井口天花繪金龍和璽，所不同的是更高大了一些而已。

　　姚廣孝（公元一三三五年至一四一八年）是元末明初政治家、詩人兼高僧，出自顯赫的吳興姚氏。公元一三五二年出家為僧，法名道衍，字斯道，自號逃虛子。他是明成祖朱棣自燕王時代起的謀士、「靖難之役」的主要策劃者。此外，他在北京城的規劃布局及建築中發揮了重要作用。

　　後來，由於姚廣孝奉旨主持編纂《永樂大典》，這才離開了潭柘寺，但其在潭柘寺隱居修行時的住所少師靜室猶存遺址。

　　《永樂大典》編撰於明代永樂年間，初名《文獻大成》，全書目錄六十卷，正文兩萬兩千八百七十七卷，裝成一萬一千零九十五冊，約三點七億字。這一古代文化寶庫匯集了古今圖書七八千種。是中國最著名的一部古代典籍，也是世界最大的百科全書。

潭柘寺禪房

　　明代從明太祖朱元璋起，歷代皇帝及后妃大多信佛，由朝廷撥款，或由太監捐資對潭柘寺進行了多次整修和擴建，使潭柘寺確立了後世的格局。

　　在明代，潭柘寺是對外交流的一個窗口，許多外國人久慕潭柘寺的盛名，而紛紛到此來學習佛法，有的甚至終老於此。其中最著名的有日本的無初德始、東印度的底哇答思、西印度的連公大和尚等人。

公元一五九五年，達觀大師奉神宗皇帝朱翊鈞之命，任潭柘寺的欽命住持。在此期間，由萬曆皇帝的母親慈聖宣文明肅皇太后出資，在達觀大師的主持下，對潭柘寺進行了大規模的整修。達觀大師與朝廷密切，經常奉詔進宮為皇室講經說法，進一步加深了潭柘寺與朝廷的聯繫。

明代潭柘寺曾進行了多次大規模的整修和擴建。明宣德年間，「孝誠皇后首賜內帑之儲，肇造殿宇」，對潭柘寺進行了整修和擴建。從公元一四三八年二月到第二年九月，潭柘寺又大興土木，在皇室的資助下，擴建寺院，廣造佛像。

潭柘寺天王殿彌勒佛像

在此期間，明英宗「詔考戒壇」，奉明英宗之命，在寺內修建戒壇，明英宗賜名「廣善戒壇」，越靖王朱瞻墉還在寺內建造了一座高大的金剛延壽塔，公元一四四〇年，明英宗「頒大藏經五千卷」給潭柘寺。

公元一四九七年，司禮監太監戴義出資作為工食費，並奏請明孝宗撥款，對潭柘寺再次進行了整修和擴建。

公元一五〇七年三月到次年九月，潭柘寺又進行歷時一年半的整修，殿廡堂室煥然一新，又增僧舍五十餘楹，再一次擴大了寺院的規模。

公元一五九四年，由明孝定皇太后出資，整修潭柘寺，增添殿宇，並建造了方丈院等房舍八十餘間。

明代的兩百多年間，皇帝幾次對寺院賜名，因而寺名幾次更改。明宣宗曾經賜名「龍泉寺」，明英宗曾經「敕改仍名嘉福寺」，但民間仍稱其為「潭柘寺」。

公元一六八六年，清代康熙皇帝下旨，命阜成門內廣濟寺的住持僧，著名的律宗大師，與自己相交多年的震寰和尚為潭柘寺的欽命住持。

當年秋天，康熙皇帝駕臨潭柘寺進香禮佛，並留住數日，賞賜給潭柘寺御書金剛經十卷、藥師經十卷、沉香山一座、壽山石觀音一尊、壽山石羅漢十八尊。

潭柘寺佛像

公元一六九二年，康熙皇帝親撥庫銀一萬兩，整修潭柘寺。在震寰和尚的親自主持下，從這年秋到公元一六九四年夏，歷時近兩年，整修了殿堂共計三百餘間，使這座古剎又換新顏。

公元一六九七年，康熙皇帝二遊潭柘寺，並親手為山門額匾書寫了「敕建岫雲禪寺」六個楷體大字，寺名遂正式成為「岫雲寺」。從此潭柘寺就成為了北京地區最大的一座皇家寺院。

康熙還作有〈為震寰和尚題照〉詩一首：

「法像儼然參涅槃，皆因大夢住山間。若非明錦當合法，笑指真圓並戒壇。」

公元一六九八年，康熙皇帝為牌樓親題匾額，並賜給潭柘寺十二桶桂花和八槓龍鬚竹，這就是寺中著名的「金鑲玉」和「玉鑲金」竹。

公元一六九九年，康熙帝命著名的律宗高僧止安律師為潭柘寺欽命住持，並賜給潭柘寺鍍金劍光吻帶四條，安裝在大雄寶殿殿頂上。

據說，康熙帝有一次來到潭柘寺，看見大雄寶殿正脊兩端各有一巨型碧綠的琉璃鴟吻，這對鴟吻見了康熙帝，竟然躍躍欲動，大有破空飛走之勢。於是康熙帝就命人打造金鏈將它鎖住，而後又在上面插上了一把寶劍。幾百年後，這四條金光閃閃的吻帶依然完好如初。

鴟吻也叫鴟尾、鴟吻或螭吻，是龍生九子中的兒子之一，好吞食。後來成為殿脊的獸頭之形，是用泥土燒製而成的小獸。按照中國五行的說法，鴟吻屬水，克火，因而將其放置在屋脊是為了鎮免火災。

潭柘寺古樹

　　清雍正年間，一向深居簡出的雍正皇帝也曾專程到潭柘寺進香禮佛。並作有〈潭柘寺〉詩：

　　「省耕郊外鳥聲歡，敬從祇林擁入鑾。法苑風飄花作雨，香溪水激石鳴喘。

含桃密綴紅珠時，嫩籜新抽碧玉竿。勝地從容駐清華，慈雲鎮日護岩巒。」

公元一七四二年，乾隆皇帝第一次遊幸潭柘寺，「賜供銀二百金、匾額九、楹聯二、詩二、章幅子一軸、琺瑯五供一堂」。

在潭柘寺，到處都留下了乾隆皇帝的墨寶。如他在〈猗亭小詩〉中寫道：

「掃徑猗猗有綠筠，頻伽鳥語說經頻。引流何必浮觴效，豈是蘭亭修歧人。」

公元一七四四年，乾隆皇帝還把御筆《心經》和自己手書的詩篇賜給了潭柘寺。

清代嘉慶皇帝也像其前輩一樣，崇信佛教，他也曾到潭柘寺進香禮佛，遊玩賞景，曾作有〈初遊潭柘岫雲寺作〉五言詩一首：

「西山古潭柘，今日徑初由。問景層層妙，入門步步幽。

春輝在峰頂，老樹倚階頭。禮佛參心性，聽泉泯去留。

璇題標上界，神物護深秋。花雨諸天淨，圓光萬象周。

一宵亦舊業，中道勉前修。汲汲離佳境，隨雲出岫遊。」

潭柘寺香爐

潭柘寺經過數次維修和擴建，寺院建築規模龐大，錯落有致。其整體布局嚴謹有序，不愧為皇家寺院。

潭柘寺坐北朝南，主要建築可分為中、東、西三路：中路主體建築有山門、天王殿、大雄寶殿、齋堂和毗盧閣；東路有方丈院、延清閣、行宮院、萬壽宮和太后宮等；西路曾有楞嚴壇、戒台和觀音殿等。

此外，還有位於山門外山坡上的安樂堂和上、下塔院以及建於後山的少師靜室、歇心亭、龍潭、御碑等。塔院中共有七十一座埋葬和尚的磚塔或石塔。

山門外是一座三樓四柱的木牌坊，牌樓前有兩棵古松，枝葉相互搭攏。牌樓前有一對石獅，雄壯威武。過了牌坊是一座單孔石拱橋，名懷遠橋，過橋就是山門。

山門正中券門上方匾額「敕建岫雲禪寺」出自康熙之手，山門兩側紅牆嵌有醒目大字，左為「佛日增輝」，右為「法輪常轉」。

潭柘寺財神殿

天王殿殿中供奉彌勒像，背面供韋馱像，兩側塑有高約三公尺的四大天王神像。

潭柘寺天王殿

天王殿前，有「潭柘二寶」之一的寶鍋，是一口銅鍋，直徑一點八公尺、深一點一公尺，為和尚們炒菜專用鍋。在東跨院北房還有一口更大的鍋，直徑四公尺，深兩公尺，一次煮粥能放十石米，需十六個小時才能煮熟。

關於這兩口鍋，還有「潑砂不漏米」之說，原來，鍋底有「容砂器」，隨著熬粥時的不斷攪動，砂石會沉入鍋底的凹陷處。

天王殿兩旁為鐘鼓樓，後面是大雄寶殿。大雄寶殿為重簷廡殿頂黃琉璃瓦綠剪邊建築，面寬五間，上下簷懸有御賜金字大匾，上簷為康熙手書「清淨莊嚴」，下簷為乾隆手書「福海珠輪」。

正脊兩端各有一巨型碧綠的琉璃鴟吻，釉彩碧綠斑斕，造型生動，高二點九公尺，僅比紫禁城太和殿上的正吻小零點五公尺，在北京古建築中位列第二大。

鴟吻海口大張，銀牙凌翹，其前後兩側各盤曲有一條「S」形金龍，金龍為鮮亮的金黃色，鑲嵌在橙黃色的琉璃大吻上十分醒目。在正吻兩側，各拴有一條長約七公尺的鍍金鎖鏈，在陽光下熠熠生輝。

　　殿內正中供奉碩大的佛祖塑像，塑像後面背光上雕飾有大鵬金翅鳥、龍女、獅、象、羊、火焰紋等。佛像左右分立阿難、伽葉雕像。均為木質漆金，雕刻精美。

　　據潭柘寺的寺志記載，在大雄寶殿佛像前原有一對神奇的柱子，「每年春夏之交煥彩如新，人莫測其所以」，被稱作「自油柱」，奉為寺寶，不料公元一六九二年大殿失火，這對「自油柱」未能保存下來。

　　整座大殿寬大的月台圍以鏤刻精美的漢白玉石欄，中有一座大焚香爐，煙雲繚繞，為「潭柘十景」之「殿閣南蒸」。

潭柘寺內金剛延壽塔

大雄寶殿後面就是齋堂院，是和尚們吃飯的地方，堂後有三聖殿，但這兩座殿都在後來被拆除，只剩下兩棵高大的娑羅樹和兩株銀杏樹。

傳說這兩棵娑羅樹，是明代由印度移植而來，已有六百多年的樹齡。這兩株銀杏，東側一株較大的被乾隆皇帝御封為「帝王樹」，西側封為「配王樹」，此記載被廣大信眾傳說為帝王樹每逢清代的一位皇帝登基，必生一枝幹；每逢一位皇帝駕崩，其枝會自裂，或與母幹合而為一。

潭柘寺隨地勢層層拔高，中軸線終點是一座樓閣式的建築，名毗盧閣。閣頂大脊用磚砌成，大脊正面鏤空雕出「遊龍戲珠」圖案，八條奮鱗揚爪的遊龍追逐著一顆光焰四射，向上升騰的寶珠，十分壯觀。

在大脊後面，雕刻著六隻展翅的彩鳳，簇擁著一朵朵碩大牡丹的「鳳戲牡丹」圖。在大脊兩端的鴟吻上，也刻有美麗的圖案，正面是「飛龍戲珠」，後面雕刻的「龍鳳呈祥」，卻是一隻展翅飛舞的金鳳高翔在上，其下則是一條遊龍，金鳳高高在上，占據了整幅圖案的三分之二，是圖案主體，遊龍則起一種陪襯作用。

龍鳳呈祥在中國傳統觀念中，龍和鳳代表著吉祥如意，龍鳳一起使用多表示喜慶之事。神性的互補和對應，使龍和鳳走到了一起：一個是眾獸之君，一個是百鳥之王；一個變化飛騰而靈異，一個高雅美善而祥瑞，兩者之間美好的合作關係就這樣建立起來。

毗盧閣簷下正中，懸有乾隆御匾「圓靈寶鏡」，殿內供奉五尊佛像，自東向西分別為：表示福德的南生佛；表示覺性的東方阿佛；法身佛即如來佛；表示智慧的西方阿彌陀佛；表示事業的北方不空成就佛。

閣前植有臘梅、探春、二喬玉蘭等名貴花木，殿兩側有「雲梯百尺」通往上層閣樓，是眺望寺容山景的最佳位置。

潭柘寺祖師殿

　　圓通殿和地藏殿在毗盧閣東，平行排列，兩殿之間有一座高大、潔白的僧塔，名為金剛延壽塔，由越靖王朱瞻墡建於公元一四三七年，為石砌覆缽式塔，高十七公尺，舍利塔後側牆壁上嵌有一塊刻石，這就是前面提到的寺中最古老的石碑「金代詩碣」。

　　覆缽式塔又稱喇嘛塔，是藏傳佛教的塔，因塔身形如倒扣的缽而得名，基本結構相同，有八種不同的風格。塔的每層結構都表達著一種宗教意義，從下向上分別是：基座、塔身、塔脖、塔剎。巨大的塔身蘊含著深厚的佛教內涵。

　　寺院東路由庭院式建築組成，有方丈院、延清閣和清代皇帝行宮院，主要建築有萬壽宮、太后宮等。

　　方丈院和行宮均在清康熙時修建，頗具江南園林之意境。行宮院建成後，康熙皇帝來住過數次，以後乾隆皇帝也駕臨住於此處。

　　行宮院中在方丈院東側，竹地之北有一綠琉璃瓦頂，單簷四角攢尖亭式木結構建築名為流杯亭，坐北朝南，乾隆帝御筆題額「猗玕亭」。

潭柘寺香爐

　　亭內地面為一巨石，地面刻出彎彎曲曲，寬約三吋的水槽，深約三吋，取自古代「三月三」、「曲水流觴」的習俗。水道呈龍虎形花紋圖案，南側看是龍頭，北側看是虎頭。

　　此院中幽靜雅緻，其中流杯亭北側的竹林最為奇特，係潭柘寺極為有名的翠竹。該竹高三公尺至五公尺，竹幹金黃色，每隔一節就有一道翠綠如玉的垂直線條，名「金絲掛翠」，即前面提到的「金鑲玉」。

　　在流杯亭的南房後面還有一片竹林，正和金絲翠竹相反，竹幹翠綠如玉，每個竹節前後交替各有一垂直金線，名為「碧玉鑲金」竹，也就是前面提到的「玉鑲金」。

　　據文獻記載，以上兩種竹原產中國成都，稱「金鑲碧竹」，後移植到浙江杭州一帶栽植。自公元一六九九年康熙皇帝賜給寺內以來，這些珍貴名竹已有三百多年，但仍枝繁葉茂，成為潭柘寺一景。

潭柘寺大悲壇

　　寺院西路大多是寺院式的殿堂，主要建築是楞嚴壇、戒台大殿、藥師殿、文殊殿、觀音殿、祖師殿、龍王殿以及西南齋、寫經室和大悲壇三處自成系統的院落，一層層排列，瑰麗堂皇。

楞嚴壇位於戒壇大殿南面，是一座亭式重簷攢尖式木結構圓殿，建在八方形漢白玉須彌座上。兩層屋簷造型不同，下層為八方形，上層呈傘形，頂端為鎏金寶頂，因屬多面型建築，故門與清王室成員書贈的額匾均多。

鎏金是古代金屬工藝裝飾技法。用塗抹金汞齊的方法鍍金，近代稱「火鍍金」。這種技術在春秋戰國時已經出現。漢代稱「金塗」或「黃塗」。鎏金，亦稱「塗金」、「鍍金」、「度金」、「流金」等，是把金和水銀合成金汞劑，塗在銅器表層，加熱使水銀蒸發，使金牢固地附在銅器表面上不脫落的技術。

殿內有一座八方形的佛壇，為木架結構，高八點三公尺，直徑五點三公尺，每一側都鑲有玻璃窗面，正中供奉楞嚴佛。楞嚴壇是過去寺中高僧講授《楞嚴經》和每年舉行盛大的「楞嚴會」的地方。

戒壇是和尚們受戒之處，台上有釋迦牟尼像，像前有三把椅子，兩側各有一長凳，是三師七證的坐處。三師七證是三師與七證師的並稱，指僧尼受具足戒時，戒場必須具足的戒師人數。又稱十師、十僧。「三師」指的是得戒和尚、羯摩和尚和教授和尚。七證師則是證明受戒時的蒞會比丘。凡此十師均須於受戒前恭請之。

觀音殿位於西路建築終點，位於寺院地勢最高處。據說此殿專為安置妙嚴公主所建，曾有著名的拜磚。殿上高懸乾隆皇帝手書「蓮界慈航」匾，內供觀世音菩薩。明萬曆年間，住持達觀禪師曾命人在觀音殿中塑起元世祖忽必烈一家四口人的彩像。

祖師殿在觀音殿西側，因潭柘寺開山祖師華嚴禪師在此圓寂，故此殿名為「祖師殿」。殿內掛有十幅潭柘寺住持僧人的畫像，每幅畫像都有一首讚詩，為入畫者歌功頌德。

龍王殿在祖師殿西，建制稍小。但殿前廊上置有「潭柘二寶」之一的石魚，長一點七公尺、重一百五十公斤，看似銅，實為石，敲擊可發出五音。

龍王是神話傳說中統領水族的王，掌管興雲降雨。龍是中國古代神話的四靈之一，古人認為：凡是有水的地方，無論江河湖海，都有龍王駐守。以海洋為區分的「四海龍王」，分別指：東海龍王敖廣、西海龍王敖欽、南海龍王敖潤和北海龍王敖順。

據傳說，石魚原是南海龍宮之寶，龍王送給了玉帝。後來人間大旱，玉帝送給潭柘寺消災。一天夜裡，急風暴雨，石魚從天而降，掉在院中。據說石魚身上十三個部位代表十三個省，哪省有旱情，敲擊該省部位便可降雨。

潭柘寺月老殿

潭柘寺的寺院外圍，分布著僧眾養老的「安樂延壽堂」以及煙霞庵、明王殿、涼亭、龍潭、海蟾石、觀音洞、上下塔院等景點，猶如眾星拱月。其中，最為傳奇的，是西觀音洞院內的一尊清代肉身佛。

在西觀音洞院內的東南角，有一條石砌甬道盤山而上，沿路前行不遠，又是一座小院，這裡就是老虎洞，原名菩提洞。洞內塑有「瘋魔和尚」因亮法師的肉身坐像，身旁右側塑有一隻俯首帖耳的臥虎。

「瘋魔和尚」法號因亮，河南省汝南府新蔡縣人，幼年在本鄉出家，公元一八六二年來到潭柘寺，受具足戒。據說在光緒年間，有一次恭王奕訢到

潭柘寺進香，在山門前的懷遠橋上，被正從寺裡出來的因亮和尚衝撞了馬，將奕訢從馬背上摔下來。

因亮和尚衝撞了六王爺，因而不能再留在寺裡，於是住進了下塔院東面的蠍子洞裡，並養了一隻雞和一條狗做伴。

潭柘寺圓通寶殿

因亮法師精通醫道，他長年在潭柘山、馬鞍山一帶行醫治病，並且兩次去過天津，行醫濟世四十餘年，用針灸和中草藥救治了無數百姓，且分文不取。因他不修邊幅，性情怪異，貌似瘋顛，因而世人都稱他為「魔佛」、「魔王老爺」、「瘋魔和尚」，本名反而知者不多。

因亮法師直到晚年才又回到潭柘寺，就住在老虎洞裡，每日前來聽講和求醫問藥的善男信女不計其數。

據說在潭柘寺後的虎踞峰上有一隻老虎，時常下山傷害牲畜，後來受到寺內「瘋魔和尚」因亮法師的教化棄惡從善，改吃素齋。牠每日伏在因亮法師身邊，聽他講經，中午跟隨他去寺中喝粥。因亮法師圓寂後，此虎悲痛欲絕，不食不動，終日哭泣，五日後也死去了。

後來，寺僧在寺院內的龍王殿與一音堂之間，修建了一座殿堂，名為「魔佛殿」，將因亮法師的遺體處理後，包上泥，塑成了一尊「肉身佛」，供信士弟子們供奉。

因殿堂太小，殿前的地方又窄，每天從河北、天津以及附近數十里前來祭拜魔佛的人成百上千，擁擠不下。潭柘寺決定整修因亮法師生前住過的西觀音洞南側的菩提洞，用以供奉。

因亮法師的信士弟子們得訊後，紛紛捐款資助，將「原洞疊石加高，前修抱廈並神路一段」，在洞內用因亮法師的靈骨作為支架，塑了一尊真人大小的因亮法師坐像，並在其身邊塑了那隻殉主而死的「神虎」。

潭柘寺演義千年佛教史，傳承歷代信眾願，成為了北京佛寺中地位殊勝的一道傳奇。

【閱讀連結】

潭柘寺作為北京地區的古剎名寺，歷史上遊客雲集，香火極盛。從金代起，上至朝廷百官，下至平民百姓，來此寺者數不勝數；特別是從明代之後，潭柘寺成了京城百姓春遊的一個固定場所。

潭柘寺地處深山，交通不便，歷史上曾為此建造了多條古道，從不同的方向通往潭柘寺。這些古道歷經千年，為潭柘寺的對外交往發揮了巨大的作用。潭柘寺主要有蘆潭古道、龐潭古道、新潭古道、門潭古道和潭王古道。

▌馬鞍山下的戒台寺

智周大師是隋末唐初的一位高僧，素以戒行見稱。他於公元六二二年，在北京西郊馬鞍山下創建了慧聚寺，作為自己的隱跡之地。慧聚寺又稱會聚寺，就是戒台寺的前身。

唐末，慧聚寺被嚴重毀壞。到了遼代建都北京時，律宗高僧法均大師，決心重振已頹廢的慧聚寺，廣募資財，大興土木，於公元一〇六九年建了一座菩薩戒壇。

公元一〇七〇年，新戒壇建成，開壇演戒，一時成為萬人嚮往的佛教聖地。遼道宗耶律洪基特意下詔，授法均大師為崇祿大夫守司空。自此以後，慧聚寺的住持都與皇室保持著密切的來往。

慧聚寺坐西朝東而略偏北，是遼金時期寺廟面東、「朝日」的典型代表。之所以這樣，是為了將其中軸線直指三十五公里以外的北京城，可謂匠心獨具。

戒台寺鐘樓無字碑

戒台寺哼哈二將

　　元代末年，慧聚寺連遭幾場大火，幾近全毀；明代，慧聚寺進行了三次大修，並在明宣宗時重建。

　　公元一四四一年，明代的知幻大師又主持重修了戒壇大殿和戒壇，形成了成熟的後世寺院格局。戒壇完工後，知幻大師被推為第一代傳戒壇主師，並主持傳戒。

　　知幻大師生於公元一四〇一年，俗姓劉，名道孚，字信庵，七歲時在南京靈谷寺出家，拜慶受和尚為師。公元一四二六年隨慶受大師來到北京。此後知幻大師出入宮禁之中，為皇室講經。

公元一四三四年，知幻大師為慧聚寺住持壇主，主持重修工作。明英宗為了能常與知幻大師談論佛法，在北京城內居賢坊為知幻大師修建了一座下院，作為他進城後的住所。

公元一四四八年，慧聚寺正式改名為「萬壽寺」，但由於此寺以戒壇而著名，所以世人稱之為「戒台寺」。

明嘉靖時期，從公元一五五〇年至一五五六年，對戒台寺進行了史上最大一次由皇室組織的全面修繕。

公元一六八五年，清代康熙帝第一次來戒台寺。他發現寺廟周圍私挖濫採成風，廟宇破壞十分嚴重，於是下旨並立碑為戒，令戒台寺周圍禁止鑿山採石。這塊碑也被後人譽為「名山之護符，禪門之寶誥」。此後，康熙帝又多次來到戒台寺，並為寺內題匾撰聯，大雄寶殿「般若無照」的橫匾、「禪心似鏡留明月，松韻如篁振舞風」的楹聯、戒台殿內「清戒」匾額均出自康熙帝之手。清代乾隆帝也曾多次來戒台寺賞玩，並留下多處墨寶真跡。

從清代乾隆年間起，北京的一些民間組織，如地藏會、三元大悲會、大悲隨心經會、廣善米會、五顯財神會等在戒台寺內的空地上建起了一些小殿，如財神殿、娘娘殿、老爺殿、地藏殿等，使這座千年梵剎內出現了一些民間信仰的神殿。

般若是梵語的譯音，或譯為「波若」、「缽羅若」，全稱「般若波羅蜜多」。意譯「智慧」，大乘佛教稱之為「諸佛之母」。般若智慧不是普通的智慧，是指能夠瞭解道、悟道、修證、了脫生死、超凡入聖的這個智慧，是屬於道體上根本的智慧。

戒台寺是中國北方著名的律宗寺院，寺內的戒台是中國著名的「三大戒台」之首，另兩座分別是福建泉州開元寺和江蘇寶華山隆昌寺。戒台寺的戒壇不僅因其體積、重量最大而被尊為「天下第一壇」，同時有著悠久的戒傳歷史。

戒台寺建築

　　清代時期，戒台寺曾出了一位活了一百二十八歲的「老壽星」，他就是明池上人。明池自十六歲在戒台寺出家後，每日誦《藥師經》，晝夜不息。清光緒年間的戒台寺住持，妙性方丈曾問過他：「為何日夜誦《藥師經》，長年不斷？」

　　明池上人說：「常誦《藥師經》，可以享壽一百二十八歲。」

　　公元一八九〇年冬天，一個半夜，妙性方丈在禪房中打坐，忽然聽見外面有雜亂的腳步聲，連忙出去觀看，卻什麼都沒有看見，心中還在疑惑，忽見明池上人居住的茅舍無緣無故起了大火，連忙喊人救火；火滅之後，房中的明池上人已在火中坐化而去了。

　　事後妙性方丈查看了明池上人的度牒，屈指一算，明池上人果然活了一百二十八歲。

　　度牒是政府機構發給僧尼，以證明其合法身分的憑證，在唐代也稱為祠部牒，都是綾素、錦素的鈿軸，就是品官所用的綸誥，上面詳載僧尼的本籍、俗名、年齡、所屬寺院、師名以及官署關係者的連署。僧尼持此度牒，不但有了明確的身分，可以得到政府的保障，同時還可以免除地稅徭役。

後來，愛新覺羅·載瀅曾對此寫詩：

「寂寞夢香印，茅茨慧業精。自修遂自了，無滅亦無生。

白首參經義，青蓮悟法程。百年禪誦苦，千古智光明。」

戒台寺山門

戒台寺大雄寶殿

　　戒台寺有兩組建築群，其實有南北兩條中軸線，南中軸線上自西向東依次分布山門殿、天王殿、大雄寶殿、千佛閣遺址和觀音殿，多為明清時期擴建；北中軸線上是戒台寺特色所在，包括山門殿、戒壇殿、大悲殿及羅漢堂，是唐、遼金建築的主要分布區。

　　戒台寺很特別的是其山門殿處於一座四合院之中。四合院式的建築格局在明代就已經形成了。

　　四合院式建築以先天八卦設計，西北為艮卦，艮為山；東南為兌卦，兌為澤，因而大門一般開在東南角上，取「山澤通氣」之意，並稱之為「吉門」或「財門」。東北方向為震卦，是次好方向，必要時也可以開門。

　　先天八卦又稱伏羲八卦，傳說是由七千年前的中華民族「人文始祖」伏羲氏觀物取象而作。先天八卦的卦序是：一乾、二兌、三離、四震、五巽、六坎、七艮、八坤。在八卦變過程中，首先是太極，其次是兩儀，接著是四象，最後是八卦，代表著宇宙形成的過程。

　　對此，戒台寺的山門根據當時的習俗，建起了外院，並在南北兩側外院牆上，按照兌卦和震卦的位置各開了一座門，即南配門和北配門，並在北配門外又開闢了大鐘院，而南配門因有吉位財門，故成為了出入寺院的主要通道，從此形成了山門殿需由左側南配門進入的格局，戒台寺也就沒有了正門。

　　戒台寺尤以松樹出名，活動松、自在松、九龍松、抱塔松和臥龍松，合稱「戒台五松」，它們各有風采。

戒台寺佛像

　　「九龍松」是一棵白皮松，屹立在戒壇院的山門前。此樹在唐武德年間種植，至今已有一千三百多年，高達十八公尺，直徑兩公尺有餘，主幹分成九股，白色表皮上遍布褐色斑點，像是斑駁的龍鱗。九龍松一幹分九枝，直指藍天，宛如九條銀龍守護著戒壇，故名。

　　山門前方有三座遼元時期的經幢，尤其是元代經幢，有一組八人的樂隊浮雕，各個袒胸赤足，手中拿著笛、簫、排笙等樂器，造型皆為西域印度或尼泊爾樂師的形象，反映了中外文化的交流。

幢又作寶幢、天幢、法幢,在最初的用處是號令三軍,掌握進退,後被佛教應用。其用料和工藝各不相同。漢傳佛教一般僅用於莊嚴佛殿,用綢布做成圓桶狀,上面刺繡花紋或佛像、菩薩像、天龍護法、佛經、咒語等;藏傳佛教則在多處應用,如在佛殿的屋頂上,樹立鍱銅鎦金的幢,在數千公尺以外就能見到。

山門殿為南軸線上的第一座殿堂。兩側與院牆相連,左右各有一個旁門。殿前有石獅子一對,並立有清康熙皇帝撰文的〈萬壽寺戒壇碑記〉。

山門殿面寬三間,單簷廡殿頂,灰筒瓦覆頂。四角掛有風鈴,門額上掛「山門殿」斗字金匾。殿內前後貫通,中間為通洞。兩側各立有一尊泥質彩繪的護法神塑像,一為密執金剛,一為那羅延金剛,面部表情生動,高約三公尺,是泥塑佳作。

山門殿明代稱「優波離殿」,因其中供奉著釋迦牟尼的十大弟子之一,號稱「持戒第一」的優波離尊者,故而得名。清代改稱「明王殿」,供彌勒佛和四大天王。

後來,山門殿則供有原千佛閣的木質大佛龕,這尊木雕佛龕為明代遺物,雕工精湛細膩,高四公尺,長三點七公尺,寬一點五五公尺,下方為木製須彌座,龕內上方有三個玲瓏的雕龍藻井,周圍飾滿了各式龍紋與花飾,整個佛龕共雕了一百四十六條大小不一的龍,堪稱藝術精品。

戒台寺大鐘

　　山門殿後南道，有一座高大的青銅焚爐，高三公尺，重兩千五百公斤，安放在漢白玉雕的須彌座上，鑄造於公元一五九九年，是萬曆皇帝的母親慈聖宣文明肅皇太后「誠心鑄造」並捐給戒台寺的。

　　山門殿後是天王殿與大雄寶殿，「龍鳳松」就在天王殿院內，是兩棵古松的合稱，在甬道兩側南北分立。南側的鳳松樹幹略向東傾，高挑的樹尖卻扭向北面，極似扭頭回顧、鳳尾下垂的鳳凰，有種女性特有的清幽之美；與之南北相對的龍松，卻盤曲虬結，如同翹首南顧的蒼龍，有男性的陽剛之氣。兩松相距數丈，但樹頂的主枝幾乎相連，如同龍鳳交頸，引人遐思。

　　大雄寶殿在天王殿後面，座落在近兩公尺高的月台上。門額上高懸清乾隆帝手書「蓮界香林」雕龍橫匾。原來還掛有清康熙帝所題「般若無照」匾額和「禪心似鏡留明月，松韻如簧振舞風」的楹聯。殿內屋頂上有三個木雕藻井，上圓下方，井內各雕有一條團龍。下方漢白玉石雕的須彌座上供有明代鑄造的銅質橫三世佛，正中為釋迦牟尼佛，南側為阿彌陀佛，北側為藥師佛。每尊佛像高三點二公尺，重五千公斤。

　　大殿前左右兩側各有三間配殿，左側為伽藍殿，右側為祖師殿。

戒台寺天王殿

　　在大雄寶殿後面台階上方左右兩側，有兩株對稱而生的古松，這就是「臥龍松」和「自在松」。臥龍松幹長十公尺多，蜿蜒橫生，宛如翔雲歸來的蒼龍，爬過石欄，翹首橫臥在石碑之上，碑上有清恭親王奕訢親手所書的「臥龍松」三個字。

戒台寺石刻

與臥龍松相對的「自在松」高達二十五公尺，也是遼代所植。它矗立在大雄寶殿前，姿態舒展有致，顯得逍遙自在。一個大枝向著大殿方向延伸，彷彿是在虔誠地守衛著佛祖。

　　大雄寶殿之後，原有一座三層簷略呈方形的高閣，閣內分上下兩層，有旋梯相通，上層有五個閣龕，每個閣龕內又分為二十八個小龕，每個龕內各供三尊高約三吋的小佛像。下層也分龕供佛，全閣共有大小佛像逾千尊，因此被叫做「千佛閣」。

　　千佛閣始建於遼代咸雍年間，明清兩代曾進行整修。原為三層簷樓閣式木結構建築，廡殿頂。寬二十七公尺，進深二十四公尺，高三十餘公尺。門額掛有清乾隆皇帝手書「智光普照」的匾額。門內楹柱上有乾隆手書楹聯：

　　「金粟顯神光，人天資福；琉璃開淨域，色相憑參。」

戒台寺伽藍殿

　　千佛閣前的「活動松」，是一棵高達二十五公尺的油松，相傳是元代的住持月泉高僧手植。此松樹呈傘形，枝杈牽連交錯，特點是用手牽動其任何一枝，它全身的枝幹都會搖動起來，「引一枝而全身發」。

清乾隆皇帝每次到戒台寺，都要搖動活動松，以此取樂遊戲。乾隆為這棵奇松起名「活動松」，並先後三次為它題詩，其中有詩句「搖動旁枝老幹隨」，皆刻在此樹西南側的一塊圓頂石碑上。但後來的活動松已不是乾隆皇帝看到的那一棵，而是清光緒年間補栽的。「活動松」為什麼能活動呢？原來它的主幹和大枝都向東傾斜，整個樹體重心不穩，所以一枝動則全身搖。

閣內正中供有高大的毗盧遮那佛銅像。兩側磚牆鑲以琉璃壁飾，遍布閣龕。每龕內都供有一尊高十公分的木雕小佛像，共計一千六百八十尊。

千年香樟木雕彌勒佛，作為戒台寺唯一露天佛，由一整塊千年香樟木根雕塑而成，雕工精美，憨態可掬，盤腿而坐，袒胸露腹，自然形態唯妙唯肖。

香樟是木樟科植物樟的木材，常綠喬木，產於中國長江流域以南各省，多生於低山平原。質地堅韌而且輕柔，不易折斷，也不易產生裂紋，擁有天然美麗的紋理和花紋，而且散發著濃郁的特殊香氣，所製作而成的香樟木家具具有防蟲、防蛀、防霉、殺菌等功能。香樟木年分越久越珍貴。

從千佛閣遺址往北拐，首先看到一個兩進的四合院，清恭親王奕訢曾在這裡隱居十年。院內幽雅清靜，自清代以來，這裡以種植丁香、牡丹聞名，尤其黑牡丹等稀有品種，更是錦上添花，故稱牡丹院。牡丹院的建築風格別具特色，它將北京傳統的四合院形式與江南園林藝術巧妙融合。

沿千佛閣左後的石梯登臨而上，可到達另一層高台，即戒台寺最高的建築觀音殿，面寬三間，正中一間供有觀世音菩薩像，左右兩間為恭親王奕訢的書房。

戒台寺觀音殿

在戒台寺觀音殿櫃台基的邊緣，圍護有一道青石欄，在石欄柱頭上從北向南排列，有十七頭大石獅子和八頭幼獅，其中有繡球嬉戲，有給幼獅餵乳，有掌托幼獅等各種造型。

這組石獅子雕刻細緻，線條清晰，刀法流暢，舒緩有致，甚至比盧溝橋的獅子更顯清秀細膩，與頤和園十七孔橋的石獅子類似，是戒台寺具有很高藝術價值的精品。

戒台寺北路為戒壇院建築群，戒壇院是一長方形的院落，前有山門，兩廂為三十六間配殿和五百羅漢堂，中心建築為戒台大殿。

戒壇大殿也稱作選佛場，始建於遼朝的公元一〇六九年，金、元、明、清各代均有維修，保持著明代的建築形式。此殿面積六百七十六平方公尺，高二十多公尺，為重簷盝頂與四角攢尖頂相結合的木構建築，即四面坡的殿頂正中有一方平台，平台四周和正中，各有公元一四七七年由僧人德秀捐贈的銅質鎏金寶頂，中間的高約五公尺，四周的四個較小，遠看如同五座小塔並聳，玲瓏剔透。

戒台寺香爐

　　殿頂上下簷有「風鈴」環繞，上層是圓風鈴，下層是方風鈴，暗寓天地之形，且每個風鈴上都鑄有「阿彌陀佛」個字。

　　殿內的屋頂正中的「斗八藻井」十分精彩，是明正統年間的木構佳作，分為上圓下方兩部分，上部是一圓形的穹隆式建築，天花板為金漆彩繪，正中是一條倒掛的木雕團龍，張口鼓鬚，盤旋向下，周圍有八條升龍與之彼此

呼應，形成了「九龍護頂」的絕妙構局。下部是一方形的井口，其四周雕有許多的小天閣，天閣上雕有眾多的小佛龕，內有精工細雕的飾金木質佛像，寶相莊嚴。

門內橫坊上，掛有清代乾隆皇帝手書的「樹精進幢」金字橫匾，內側掛有康熙親筆的「清戒」二字匾額，可見數朝對戒台寺感情之深，著力之重。

戒台寺羅漢像

戒壇大殿正中有青石砌成的「品」字形高台，此戒壇為明代所建，高三點二五公尺，分三層，每層都有須彌座，三層合為一須彌山。

在每層須彌座束腰處，都雕刻有小佛龕，其中上層每面七個，共計二十八個；中層三十六個；下層則正面十三個，其餘三面各有十二個，共計四十九個。而且佛龕的體量是由上至下逐漸增大，每個佛龕內都有一個「戒神」，共計一百一十三個。

戒台殿內的一百一十三尊戒神是不可多得的奇景，這些戒神泥塑金身，神形各異，有的威武雄壯，有的面目猙獰，有的頂盔貫甲，有的仙風道骨，一個個栩栩如生，生動傳神。這是北京地區絕無僅有的一組戒神塑像，是難得的藝術珍品。

戒壇最上方平台面積三十二平方公尺，是受戒的場所。最靠西的一側有一尊高三點三五公尺的釋迦牟尼漆金塑像，塑像前有十把硬木椅和一張紫檀雕龍供桌，體現了受戒儀式的「三師七證」的座位排列次序。

戒台寺選佛場

戒壇左前方有一座大鐘亭，位於六公尺多高的台基上，原是地藏院的附屬建築。鐘亭為卷棚頂，四根支柱呈「八」字形叉開斜立，式樣別緻。在亭內原掛有一口高三點二公尺，下口直徑二點二公尺的大鐵鐘，名叫幽冥鐘，主要供每年七月三十戒台寺做地藏法會之用。

大鐘亭背後三面環山，前方東望平原，居高臨下，毫無遮攔。由於三面環山，形成了一個天然巨大的共鳴箱，鐘聲經過震盪共鳴，被環山反射，從東北側開口處衝出，因而可以傳得很遠，據說在二十公里之遙，阜成門外的八里莊都能聽見。

　　幽冥鐘後來已不復存在，改掛一口明景泰年間鑄造的銅鐘，鐘高一點六公尺，下口直徑零點九公尺，壁厚八公分，鐘紐高零點三公尺。此鐘為八峰波形口，鐘紐為虹形雙龍頭蒲牢，鐘體上鑄有雲紋，銘為「大明景泰某年某月某日製」。此鐘原掛在戒壇大殿內，供舉行受戒儀式之用。這口銅鐘雖然比原來的大鐵鐘要小得多，但鑄造精美，工藝考究，線條流暢。

　　戒台寺的鐘聲在歷史上是非常有名的。清代江寧織造曹寅，即《紅樓夢》作者曹雪芹的祖父，曾寫下了一首很有名的詩，名曰〈馬上望戒壇〉：

　　「白雲滿山誰打鐘？馬首西來路不逢。據此相看如一夢，因緣還欠戒台松。」

　　戒台殿後面是大悲殿及左右廡的羅漢堂，殿中原有清乾隆年間所塑的五百羅漢像。

　　在戒台院的東南部，是清恭親王奕訢，在公元一八八四年罷官後修建的「慧聚堂」，院內還有三棵逾百年的丁香樹。

　　戒台院東北方有塔院，內有公元一四四八年時，戒台寺住持知幻和尚重建的，遼代法均和尚即普賢大師的墓塔，該塔初建於公元一〇七五年，但年久失修。塔為七層密簷磚塔，塔剎是一朵蓮花，塔身下部也採用了蓮花的托座，塔上有塔銘：

　　「大遼故崇祿大夫守司空傳菩薩戒壇主普賢大師之靈塔，大明正統十三年中秋日築壇知幻道孚重建。」

戒台寺塔林

神龍，被玉帝派下凡來守護法均大師的墓塔。在一個風雨交加的夜晚，龍松怕墓塔被雷電擊毀，就撲身過去伸出兩個大枝，像人的雙臂那樣抱住古塔，形成古松抱塔的奇觀。抱塔松長達五公尺的主幹，像巨龍一樣爬過山門前的矮牆，兩條枝杈扭轉著，盤繞在台基下方法均大師墓塔的兩側，恰似巨龍伸出前爪護衛古塔。抱塔松旁有經幢三座，一座建於元，兩座建於遼。

歷史上戒台寺經常舉行盛大的宗教活動，因而逐漸形成京西重要的民俗活動。明代每年農曆四月初八至十五，京西佛誕慶典的大型民俗活動共有五項，在門頭溝境內的三項中有兩項在戒台寺，分別是農曆四月初八至十五的「趕秋坡」，農曆四月十二的「耍戒壇」。

趕秋坡是指戒台寺每年農曆四月，即佛誕慶典說法期間，全國歌女、舞女在戒台寺的大聚會。全國各地的歌女、舞女都在這一時期聚集到戒台寺附近的秋坡，比歌聲，賽舞藝，交流切磋，成為戒台寺廟會和京西民俗活動的一大特色。

在遼塔的南面，還有一座建於同一時期，用於埋藏法均和尚袈裟、食缽等物件的「衣缽塔」。

在戒壇院山門前的北側，有著名的「抱塔松」。抱塔松又稱抱浮屠，為金代所植。相傳它本是天上的一條

【閱讀連結】

以戒台寺為中心構成的佛教藝術古蹟群，是北京西郊一道亮麗的風景，給人們留下了無數神奇的傳說和美麗的遐想。

古蹟群東南十五公里石佛村的摩崖造像群，是北京地區規模最大的摩崖造像群；東一公里古香道路邊有一塊巨石刻有「阿佛」兩個明代大型摩崖刻字；原慧聚寺的一部分因有泉水勝景而分出一座「玉泉寺」即「西峰寺」；離寺五百公尺處有一座建於明代的精美漢白玉石牌坊，它也是戒台寺的外大門；寺院西面極樂峰的山洞鱗次櫛比，其中部分山洞在明代被改建成了石窟寺，也是當年戒台寺高僧靜修之地；東南側的外塔院松柏蒼翠，寶塔高聳，是明清兩代戒台寺高僧安息的地方。

▌白帶山麓的雲居寺

雲居寺位於北京西南房山區白帶山西南麓，始建於隋大業年間。公元六〇一年，隋文帝在諸州高爽清淨之所建舍利塔，北京西南白帶山上的智泉寺也奉詔安放了舍利，建造了舍利塔。

雲居寺牌坊

　　隋煬帝大業年間，智泉寺靜琬，秉承其師南嶽天台宗二祖，北齊慧思大師的囑咐，深感法滅危機，為保護佛藏，發願刻石藏以不朽。

　　靜琬刻經之舉，受到了大隋朝野的響應。公元六一一年，隋煬帝臨幸白帶山附近的涿郡，皇后蕭氏施絹千匹以助靜琬，於是朝野上下爭相為靜琬刻經施捨財物。

　　靜琬時期所刻石經至少有《華嚴經》、《法華經》、《金剛經》等九部，最初刊刻的《華嚴經》藏於白帶山雷音洞左之第八洞，《法華經》等則嵌刻於雷音洞內的石壁上。從此在白帶山開創了石經刊刻事業，因此白帶山後世又稱石經山。

靜琬像

到唐代貞觀年，公元六三一年，為了刻經的需要，在白帶山下大規模修建廟宇，並把原智泉寺重新命名為「雲居寺」。

在唐代最早的一部志怪小說集《冥報記》中，對雲居寺的這段機緣有詳細的記載。原來靜琬早就有建寺的打算，但由於缺乏木材一直未能如願。事有湊巧，公元六三一年六月，一夜大雨，引起山洪暴發，上游河岸崩塌，數千株巨大的松柏順流漂至白帶山下，於是靜琬招來工匠，在當地百姓的幫助下，利用這些木材建起了雲居寺。

雲居寺創建時形成了三院格局：即東峪雲居寺，又稱東雲居寺、東峪寺或東域寺，在石經山以東；西峪雲居寺，又稱西雲居寺、西峪寺或西域寺，在石經山以西，即後世之雲居寺；中峪雲居寺，又稱中雲居寺、中峪寺或中域寺。

此外，石經山上以華嚴堂為中心，形成了石經寺，又稱雲居上寺、雷音寺。在距雲居寺不遠的岩上村，還有專供刻經的磨碑寺。

此後，雲居寺的刻經事業歷經玄導、僧儀傳至惠暹、玄法，尤其在盛唐的開元、天寶年間為房山刻經的全盛時期，因為得到了唐玄宗八妹金仙長公主的大力支持。

公元七三〇年，唐玄宗經金仙公主奏請，頒賜新舊譯經四千餘卷，作為刻經底本，命長安崇福寺沙門、著名的版本目錄學家智升，親自運送至雲居寺。

智升為唐代名僧。公元七三〇年，於長安西崇福寺東塔院撰《開元釋教錄》二十卷，詳錄後漢明帝至唐開元時傳譯至中國的大小乘經律論三藏、賢聖集傳，及失譯缺本等，共收錄五〇四八卷，敕入大藏。此錄為經錄中最完備者，古來凡言及翻譯經典之書，亦皆以此錄為標準。

雲居寺大殿

　　在惠暹和玄法刻經時，雷音洞及其左右各洞藏經已滿，於是又在雷音洞下開鑿兩洞，將所刊刻石經藏於洞內。玄法時期，於唐開元末年，開始刻造玄奘所譯長達六百卷的佛經《大般若經》，公元七五四年刻至一百六十三卷。

　　在此期間，靜琬的第三代弟子惠暹對雲居寺進行了第一次重修。金仙公主奏請唐玄宗，將雲居寺四周東接房南嶺，南逼他山，西至白帶山，北抵大山分水嶺的大片山場，劃給雲居寺作為刻經費用。

雲居寺佛像

　　雲居寺僧人為了感念金仙公主之德，特於白帶山頂的石塔上刻下銘文，這座石塔世稱「金仙公主塔」。此塔為筒狀四面小石塔，通高三點六七公尺，其下部由四塊漢白玉石板，豎砌成方形龕狀塔身，龕門浮雕拔券，門兩側各浮雕金剛力士一尊，上部為七重寶簷，寶珠剎，造型酷似西安小雁塔和雲南大理三塔。金仙公主塔至今仍完好地立於白帶山頂。

　　安史之亂爆發後，房山的刻經工作也未停止。自公元七八九年至八〇九年，受幽州盧龍節度使劉濟的施助，用了二十年左右，續刻了《大般若經》

三百卷前後，至四百一十二卷的一百餘卷。終唐之世，這部六百卷的《大般若經》續刻至第五百二十卷左右。

劉濟（公元七五七年至八一〇年），北京人，安史之亂後藩鎮割據時期，任盧龍節度使，忠於朝廷。盧龍節度使即幽州節度使，又稱范陽節度使，是唐王朝在今河北地區設置的節度使，天寶時期的十節度使之一。後來直到五代時期割據河北，一直為河北三鎮之一。

唐武宗登基後，主張廢佛，雲居寺被迫停廢；後雖得恢復，但唐末至五代的戰亂使石經刊刻被迫停頓。到了公元九四〇年，後晉開國皇帝石敬瑭，劃燕雲十六州入遼版圖，在遼皇室的支持下，雲居寺有了轉機，再度興盛。

公元九六四年，雲居寺住持謙諷和尚，對雲居寺進行了大規模修復，共修建大小廟宇七十餘間，使唐末五代以來「風雨之壞者及兵火之殘者」得以修復，並且擴大了雲居寺的規模。

謙諷和尚與遼官員，朝議郎行右補缺王正合力倡導，雲居寺廣聯僧俗，結千人邑會，成為中國古代為寺院募捐的社會宗教組織。

公元一〇二七年，涿州刺史韓紹芳遊覽白帶山，發現了刻經始末，乃奏請遼聖宗耶律隆緒恢復刻經，遼聖宗賜普度壇利錢為刻經經費，又委派瑜伽大師可玄提點鐫修，勘訛刊謬，補缺續新，重啟遼代大規模刻經。韓紹芳先補刻了《大般若經》中殘損的十卷經文，接著又開始從五百二十一卷刻起，續刻了《大般若經》的最後八十卷。

年，共刻石一千五百一十二條，是《房山石經》中最多的一部。

此後，至公元一〇五七年雲居寺刻完《大寶積經》一百二十卷，計經碑三百六十條，至此完成四大部佛經，分別是《華嚴經》、《大涅槃經》、《大般若經》和《大寶積經》。

《大寶積經》又作《寶積經》，唐代菩提流志等譯，凡一百二十卷，收於大正藏第十一冊。係纂輯有關菩薩修行法及授記成佛等之諸經而成，在中國佛教界，被稱為五大部之一，有著崇高的地位。全經內容泛論大乘佛教之各種主要法門，涉及範圍甚廣，每一會相當一部經，亦各有其獨立主題。

遼代早期刻經均藏於藏經洞內，後由於各洞已滿，至遼大安年間的通理大師時，開始改單面刻經為兩面刻經，並由大板改為小板，大字改為小字。通理師徒所刻的四千餘片經碑和道宗刻經碑一百八十片，均暫時放於山下。

由於藏經洞已滿，自遼代起，雲居寺僧人在雲居寺南塔塔基的南

公元一〇四一年九月，涿州刺史劉湘，承襲前任韓紹芳續刻《大般若經》至第六百卷，計經碑兩百四十條，最終完成此經的鐫刻。《大般若經》的刊刻從唐至遼代，共計三百

側，建起一座石經地宮，用以珍藏遼金時期所刻的《契丹大藏經》一萬零八十二片。

隨著幽州地區社會的穩定，遼人開始恢復石經刊刻。在遼重熙年間至大安年間，雲居寺建起了北塔和南塔。

北塔又稱羅漢塔，建於遼重熙年間，為寺僧文密化錢三萬餘緡而建。北塔造型極為特殊，是樓閣式、覆缽式兩種形式相結合的塔。塔的下部為八角形須彌座，上建樓閣式磚塔兩層，其上置覆缽和「十三天」塔剎，完全是一個早期的佛塔。歷經千年滄桑，北塔仍以其雄偉的英姿成為雲居寺的象徵。

後世修繕北塔時，塔基上所鑲兩百餘塊有「諸法因緣生，我說是因緣。因緣盡故滅，我作如是說」銘文的佛偈磚朽壞，需要換新，但因苦於沒有替代品，工程無法進行。

雲居寺毗盧殿

在當時，北塔東南十公尺處，施工用淋灰坑裡的石灰水，一夜之間向正北流滲而盡，有洞長達十公尺，距北塔塔基不足兩公尺。有人推測或許塔基下有藏寶洞，遂停工挖寶。這時奇蹟出現了，從洞中挖出了遼代建塔時，埋下的佛偈磚兩百二十一塊，拆舊易新，恰巧用去兩百二十塊，僅餘一塊，此機緣足見古人建塔時慮事縝密，彷彿早就算準了未來修繕時有此之需。

雲居寺內佛祖舍利塔

　　南塔建成於公元一一一七年四月，為寺僧紹坦所建。塔十三層，高二十餘公尺，內藏舍利三百餘粒。

　　遼代雲居寺的佛教宗派由晚唐的禪、律共處，改為律宗。

　　金代直至金明昌年間，雲居寺並未因朝代更替而間斷刻經事業。公元一一八○年，義謙法師繼任雲居寺住持，改律為禪。金世宗子、章宗伯父完顏永中施刻的《增一阿含經》、《雜阿含經》就在義謙住持期間。金人繼遼代之後，續刻遼代開始刊刻的《契丹大藏經》，才使此經留傳後世。

　　義謙對雲居寺「重建廊宇，別建僧庵，西序東廚，煥然頂新」，當時長鄉城義井院、李河靈巖寺以及歧陽開化寺皆請義謙為提控宗主。

公元一二一五年，蒙古大軍攻破遼中都，大元一統後，雲居寺得到元執政者的重視。

公元一三一五年，元仁宗命朝廷官員明里董阿，前往涿州代自己進香，順道至雲居寺視察石經；明里董阿回京後，奏請元仁宗賜經律論一大藏，藏於雲居寺內。

在元文宗、元寧宗之際，雲居寺進行了一次較大規模的修復，至公元一三三二年才結束。

公元一三四一年四月，高麗僧人慧月，又修葺了石經山華嚴堂，並補刻了堂內殘損的五塊經版。

大明立國之初，明太祖朱元璋於公元一三八八年，派名僧道衍到雲居寺視察，道衍為隋靜琬開創刻經事業所感，題〈石經山詩〉並序，鑴於華嚴堂石壁上。

公元一四二八年，道教北派全真教代表人物陳風便、南派正一教王至玄等，仿效佛教刻經，募刻了道教的《玉皇經》等四部，刻石八塊，送至石經山藏於第七洞中。

全真教也叫全真道、全真派，是道教的主流宗派，被天下奉為「太上玄門正宗」。該宗嗣太上老君遺教，

北京雲居寺遼代佛塔

秉東華帝君演教，承正陽帝君鍾離權和純陽帝君呂洞賓二祖傳教，開宗於重陽全真開化輔極帝君王重陽，以「三教合一」、「全精、全氣、全神」和「苦己利人」為宗旨，逐漸合併了太一道、真大道和金丹南宗。

公元一三九三年和一四四四年，明政府又對雲居寺進行了大規模修復。明永樂年間，天竺僧人桑謁巴辣曾修復東峪雲居寺，改稱「東峪觀音寺」，並成為該寺住持。

桑謁巴辣是第一位在中國佛寺擔任住持的印度僧人。他在公元一四〇五年率領諸國使臣至明政府進貢方物，在南京受到永樂皇帝接見，並被封為「圓融妙慧淨覺弘濟輔國光範衍教灌頂廣善西天佛子大國師」，允其隨方傳教，自在修行。

在此之後，桑謁巴辣奉詔居於北京崇恩寺，並在內府教授官員學梵語，有不少王公大臣投其門下，削髮為僧。他還於公元一四三六年大修了崇恩寺。

桑謁巴辣圓寂後，塔葬於東峪雲居寺附近的白雲陀金香爐山清峰嶺上。桑謁巴辣傳播的是祕密大乘佛教，自明永樂年間桑謁巴辣重修東峪寺後到成化年間，東峪寺住持哩提干資羅及西峪寺住持嗔嗒悉哩，他們都是桑謁巴辣的梵僧弟子，從而開創了中國佛寺由印度僧人任住持的先例。

公元一五九二年，五台山一代高僧真可法師，至石經山雷音洞參禮，發現洞內像設凋敝，石經薄蝕，還在雷音洞拜石下石函內起出三顆肉舍利。於是，真可法師在明代慈聖皇太后李彩鳳等人的資助下，贖回骨塔和香樹庵，並為香樹庵購置五百畝的下莊一所。

真可（公元一五四三年至一六〇三年），俗姓沈，字達觀，明末僧人。十七歲到蘇州虎丘雲岩寺出家，拜虎丘僧明覺為師，閉戶讀書。二十歲受具足戒後廣研經教。對修寺、刻經，頗有業績。始自楞嚴寺，終至雲居寺，復興梵剎計十五所。晚號紫柏大師，門人尊他為紫柏尊者，是明末四大師之一。

雲居寺佛像

此外，真可法師還將東、西雲居寺的住持、執事僧召集一處，嚴加訓示，重申戒律，再肅清規。

明萬曆末年至天啟、崇禎年間，吳興沙門真程，勸說在北京的南方籍官僚居士葛一龍、趙琦美、馮銓、董其昌等刻造石經，他們先集資在北京石燈庵，用小石版刻好佛經，然後送往石經山儲藏，共刻經十餘部。並於

雷音洞左側新開一洞，將這些石經藏入其中。

公元一六三一年初，出資刻經的明代著名書法家董其昌，在新開的洞額題「寶藏」二字，故此洞也俗稱為「寶藏洞」，至此，歷時千載的房山雲居寺石經刻造事業宣告結束。

董其昌（公元一五五五年至一六三六年），字玄宰，號思白、香光居士。明代著名書畫家，擅畫山水，師法董源、巨然、黃公望、倪瓚。筆致清秀中和，恬靜疏曠；用墨明潔雋朗，溫敦淡蕩；青綠設色古樸典雅。以佛家禪宗喻畫，倡「南北宗」論，為「華亭畫派」的傑出代表。

到了清代，雲居寺改為臨濟正宗，世代相傳，而且在公元一六七二年終於迎來了溟波大師任住持。溟波大師後被尊為雲居寺重開山第一祖。

據溟波大師自述，他七歲即被父母送往天仙廟出家，後在北京憫忠寺受具足戒。曾經師從天津如來庵大博禪師開悟，四十歲入主雲居寺。

溟波大師是清康熙年間的著名高僧，蜚聲遐邇，曾得康熙帝親自垂問法力，並賜白金三十兩添缽。

在溟波大師主持下，雲居寺共修復建設殿宇、禪堂、寮房、廚庫兩百餘間，整修了西域寺、東域寺、夢堂庵、雲居寺雙塔、戒壇，以及石經山藏經洞、暴經台等一應建築。

此後，重開山第二代圓通法師繼承乃師遺志，至公元一六九八年將雲居寺重修工程告竣。

圓通的弟子重開山第三代、傳臨濟正宗三十五世的了塵法師，也是一代有作為的住持，曾移大悲壇，修兩壁僧寮，建藏經閣。

雲居寺蒸蒸日上的時候，正是清代的康雍乾盛世，後世將清代前三代重開山祖師圓通、了塵、光泰並稱雲居寺「三

雲居寺開山琬公塔

公」，並將三人遺骨分別安奉在三座形制相仿的覆缽式塔中，墓塔均為東向，石砌覆斗座，覆缽塔身，塔剎為十三天承寶珠，通高均為七公尺，並列位於雲居寺北塔以北的平台上，俗稱「三公塔」。

經過歷代增修的雲居寺，占地面積六萬多平方公尺，由當代佛教領袖、書法家、社會活動家趙樸初居士題寫的「雲居寺」寺匾懸於寺門之上。

雲居寺鼓樓

　　雲居寺山門前有漢白玉的款龍橋和台階石獅，整座寺廟，依山而建，形成五大院落六進殿宇：即天王殿、毗盧殿、大雄寶殿、藥師殿、彌陀殿與大悲殿，各殿逐次提升，各正院之旁又有配殿，蔚為壯觀。

　　雲居寺中路以北為行宮院，寺之北部有北塔羅漢塔、三公塔，右側有石經地宮和琬公塔、壓經塔即續祕藏石經塔。

　　山門即天王殿，出天王殿前有木牌樓一座，左右為鐘鼓樓，院東北隅修竹聳翠，溪流環繞。

正殿為毗盧殿，殿前的兩通石碑為公元一六八八年立，記載了重修寺院經過。毗盧殿門懸匾「慧海智珠」，兩旁懸對聯「林外鐘聲開宿月，階前幡影漾清輝」，均為清代乾隆帝御筆。

　　毗盧殿後通過兩道磚階攀至第一平台，有一座韋馱小殿兀立其上。入第二道院為釋迦殿，門額懸匾「耆窟香林」，殿聯「石洞別天清淨地，經函常護吉祥雲」是清代乾隆帝御筆，殿內供釋迦牟尼像。

雲居寺北塔

　　釋迦殿後由旁梯升至第二平台，即第三院，有正殿「藥師殿」，內供藥師佛，懸乾隆題匾「香雲常住」，殿後有兩石階連第三平台。

　　進入第四院為寺院中心所在，院落寬敞，花木扶疏，院右為方丈居所，院左為文殊殿。正殿為彌陀殿，懸乾隆御題「金輪正覺」，內塑阿彌陀佛像，後堂供觀音坐像。彌陀殿院內還立有清康熙年間造的經碑《金剛經》、《藥王經》兩方。

　　繞行彌陀殿後，拾級攀入第五院，庭院甚闊，立碑四方，正殿為大悲殿，懸乾隆御匾「蓮台淨域」，內供大悲觀世音菩薩，相貌慈悲，供於神龕之內，外遮深色薄紗。

　　殿右為藏經殿，有小門與大悲殿通。藏經殿深且廣，殿內巨櫃林立，中存經卷。

　　此外，第四院有南北跨院，南院有殿兩座，一座為祖師殿，內供雲居寺歷代住持像，另一座為地藏殿；北院有大殿兩組，一為千佛殿，另一為行宮院，為清代歷朝皇帝駐蹕之所。

　　雲居寺是佛教經籍薈萃之地，寺內珍藏的石經、紙經和木版經，號稱「三絕」。石經歷經了隋、唐、遼、金、元、明六個朝代，綿延一千多年，鐫刻佛經共一千一百二十二部、三千五百七十二卷、一萬四千兩百七十八石，分別珍藏於石經山九個藏經洞和雲居寺石經地宮中。

　　鐫刻如此大規模的石經，是世界文化史上罕見的壯舉，堪與中國的萬里長城、京杭大運河媲美，被譽為「北京敦煌」。

　　雲居寺紙經現藏二點二萬多卷，為明代刻印本和手抄本。刻印本包括明永樂時期南京印刷的近三千卷的《南藏》印本，和一部公元一四四〇年《北藏》印本七千餘卷，一部公元一六一三年《北藏》印本三千餘卷。藏文經卷共四種一千餘卷，屬於最早的藏文印刷品。手寫佛經多數為明代抄本，最早書於公元一五四〇年。雲居寺紙經數量之多，在國內名寺也非常罕見。

雲居寺銅鐘

雲居寺木版經，始刻於公元一七三三年至公元一七三八年的清代《龍藏》，梨木雕刻，刻工精細，佛像及版面生動美觀。這批《龍藏》木版經共七萬七千多塊，先後存放於故宮武英殿、柏林寺、智化寺，後分別運至雲居寺，全部木版經重達四百餘噸，堪稱中國木版經書之最。

雲居寺塔建有很多，其中包括唐塔七座，如開元十年塔、開元十五年塔、景雲塔、太極塔與石經山金仙公主塔等；遼塔五座，如雲居寺北塔即羅漢塔、開山琬公塔、續祕藏石經塔、老虎塔等；以三公塔為首的明清代塔若干。此外還有隋唐碑刻等歷史文物。

雲居寺中有四件銅質品彌足珍貴，分別是：銅佛一尊、銅鍋兩口和銅香爐一尊。

銅佛乃供奉於雲居寺彌陀殿內的阿彌陀佛，這尊銅佛高約三公尺，重七點五噸，僅修復一個缺損的指頭，就用去銅料一點五公斤。

銅鍋是雲居寺的鎮寺之寶，有一大一小兩口，大鍋直徑三公尺，小的直徑一點五公尺。據說兩口銅鍋燒一次飯足夠八百僧眾吃一頓。銅鍋底部均勻地分布著一些凹槽，是為防止熬粥時裡面有小沙子，而特意設計。

銅香爐為明宣德年間鑄造，三足鼎立，古樸敦厚，是一件難得的銅鑄法器。

雲居寺不僅藏有石經與千年古塔，而且珍藏著令世人矚目的兩顆佛祖肉舍利。這是世界上唯一珍

藏在洞窟內，而不是供奉在塔內的舍利，與北京八大處的佛牙、陝西西安法門寺的佛指，並稱為「海內三寶」，為千年古剎增添了一份祥光瑞氣。

【閱讀連結】

在雲居寺彌陀殿院內，有座嘉慶御碑亭。嘉慶御碑是一塊臥龍碑，雕刻精美，做工考究。碑上玉龍騰躍，祥雲環繞，碑身兩面，分別刻有清嘉慶皇帝兩次遊幸雲居寺時御筆親題的詩文〈雲居寺瞻禮二十韻〉和〈再遊雲居寺〉，詞藻華麗，書法遒勁，是一代天驕的代表作。

在抗日戰爭時期，有一次日軍戰機轟炸，有一塊炸彈彈片神奇地擊中了〈雲居寺瞻禮二十韻〉詩中的「雲」字，且恰恰切去了「雲」字的下半部分，形成一朵雲襯托於「雲」字的下方。這一巧合不得不令人稱奇。大概雲居寺透過這朵雲，來譴責日本軍國主義製造的戰爭烏雲，給世界文明帶來慘痛的災難。

國家圖書館出版品預行編目（CIP）資料

京城寶剎：北京內外八剎與三山 / 鹿軍士 編著 . -- 第一版 .
-- 臺北市：崧燁文化，2019.11
　　面；　公分
POD 版

ISBN 978-986-516-156-9(平裝)

1. 寺院 2. 北京市

227.211　　　　　　　　　　　　　　　　108018725

書　　名：京城寶剎：北京內外八剎與三山

作　　者：鹿軍士 編著

發 行 人：黃振庭

出 版 者：崧燁文化事業有限公司

發 行 者：崧燁文化事業有限公司

E - m a i l：sonbookservice@gmail.com

粉 絲 頁：　　　　　　　　網 址：

地　　址：台北市中正區重慶南路一段六十一號八樓 815 室

8F.-815, No.61, Sec. 1, Chongqing S. Rd., Zhongzheng

Dist., Taipei City 100, Taiwan (R.O.C.)

電　　話：(02)2370-3310 傳　真：(02) 2388-1990

總 經 銷：紅螞蟻圖書有限公司

地　　址：台北市內湖區舊宗路二段 121 巷 19 號

電　　話：02-2795-3656 傳真：02-2795-4100　　網址：

印　　刷：京峯彩色印刷有限公司（京峰數位）

　　本書版權為現代出版社所有授權崧博出版事業有限公司獨家發行電子書及繁體
　　書繁體字版。若有其他相關權利及授權需求請與本公司聯繫。

定　　價：299 元

發行日期：2019 年 11 月第一版

◎ 本書以 POD 印製發行